马克思主义简明读本

保障民生理论

丛书主编：韩喜平

本书著者：魏　来

编 委 会：韩喜平　邵彦敏　吴宏政
　　　　　王为全　罗克全　张中国
　　　　　王　颖　石　英　里光年

吉林出版集团股份有限公司

图书在版编目（CIP）数据

保障民生理论/魏来著.--长春:吉林出版集团股份有限公司，2013.9
（2021.2重印）
（马克思主义简明读本）

ISBN 978-7-5534-2607-5

Ⅰ.①保… Ⅱ.①魏… Ⅲ.①社会保障－研究－中国Ⅳ.①D632.1

中国版本图书馆CIP数据核字(2013)第174280号

保障民生理论
BAOZHANG MINSHENG LILUN

丛书主编：	韩喜平
本书著者：	魏　来
项目策划：	周海英　耿　宏
项目负责：	周海英　耿　宏　宫志伟
责任编辑：	陈　曲
出　　版：	吉林出版集团股份有限公司
发　　行：	吉林出版集团社科图书有限公司
电　　话：	0431-81629720
印　　刷：	永清县晔盛亚胶印有限公司
开　　本：	710mm×960mm　1/16
字　　数：	100千字
印　　张：	12
版　　次：	2013年9月第1版
印　　次：	2021年2月第3次印刷
书　　号：	ISBN 978-7-5534-2607-5
定　　价：	36.00元

如发现印装质量问题，影响阅读，请与出版方联系调换。

序　言

　　习近平总书记指出，青年最富有朝气、最富有梦想，青年兴则国家兴，青年强则国家强。青年是民族的未来，"中国梦"是我们的，更是青年一代的，实现中华民族伟大复兴的"中国梦"需要依靠广大青年的不断努力。

　　要提高青年人的理论素养。理论是科学化、系统化、观念化的复杂知识体系，也是认识问题、分析问题、解决问题的思想方法和工作方法。青年正处于世界观、方法论形成的关键时期，特别是在知识爆炸、文化快餐消费盛行的今天，如果能够静下心来学习一点理论知识，对于提高他们分析问题、辨别是非的能力有着很大的帮助。

　　要提高青年人的政治理论素养。青年是祖国的未来，是社会主义的建设者和接班人。党的十八大报告指出，回首近代以来中国波澜壮阔的历史，展望中华民族充满希望的未来，我们得出一个坚定的结论——实现中华民族伟大复兴，必须坚定不移地走中国特色社会主义道路。要建立青年人对中国特色社会主义的道路自信、理论自信、制度自信，就必须要对他们进行马克思主义理论教育，特别是中国特色社会主义理论体系教育。

要提高青年人的创新能力。创新是推动民族进步和社会发展的不竭动力，培养青年人的创新能力是全社会的重要职责。但创新从来都是继承与发展的统一，它需要知识的积淀，需要理论素养的提升。马克思主义理论是人类社会最为重大的理论创新，系统地学习马克思主义理论有助于青年人创新能力的提升。

要培养青年人的远大志向。"一个民族只有拥有那些关注天空的人，这个民族才有希望。如果一个民族只是关心眼下脚下的事情，这个民族是没有未来的。"马克思主义是关注人类自由与解放的理论，是胸怀世界、关注人类的理论，青年人志存高远，奋发有为，应该学会用马克思主义理论武装自己，胸怀世界，关注人类。

正是基于以上几点考虑，我们编写了这套《马克思主义简明读本》系列丛书，以便更全面地展示马克思主义理论基础知识。希望青年朋友们通过学习，能够切实收到成效。

韩喜平

2013年8月

目　　录

引　言 / 001

第一章　保障民生理论的科学内涵 / 004

第一节　民生 / 004

第二节　保障和改善民生 / 009

第二章　保障民生思想探源 / 014

第一节　中国古代保障民生思想 / 014

第二节　中国近现代保障民生思想 / 023

第三节　西方近现代保障民生思想 / 033

第三章　马克思主义保障民生理论 / 041

第一节　马克思、恩格斯保障民生理论 / 041

第二节 列宁保障民生理论 / 087

第四章 中国共产党的保障民生理论 / 096

第一节 毛泽东思想中的保障民生理论 / 097

第二节 邓小平理论中的保障民生理论 / 105

第三节 "三个代表"重要思想中的保障民生理论 / 113

第四节 科学发展观中的保障民生理论 / 120

第五节 新一届中央领导集体的保障民生政策 / 128

第五章 中国共产党保障民生理论的实践 / 134

第一节 新民主主义革命时期的保障民生实践 / 134

第二节 改革开放前的保障民生实践 / 140

第三节 改革开放后的保障民生实践 / 147

第四节 建构保障民生的发展模式 / 171

引　言

　　民生问题是中国共产党最为关注的问题，从一定意义上讲，共产党领导的社会主义革命和建设就是要为解决民生问题提供制度性保障。新中国成立以来，党和政府都十分重视民生问题的解决，把人民群众的基本生存和发展作为根本出发点和立足点，并将民生问题从制度上加以确认和建设。改革开放以来，特别是近几年，我们在发展经济的同时，更加重视保障和改善民生，经济与社会发展的协调性明显增强，如取消了农业税，实行真正免费的义务教育，建立覆盖城乡的社会保障体系。当然，由于民生问题是一个复杂而具体的问题，与当代中国改革开放和经济发展取得的举世瞩目的成就相比，我国民生状况仍不容乐观，许多问题亟待解决，如住房问题、看病难及医患关系紧张问题、入学难及教育质量问题、弱势群体社会保障问题，尤其在经济迅速发展和综合国力大幅提升的背景之下，这些问题就更为显见和突出。这个问题已经引起党和政府高度重视，也引起理论界的高度关注。当然，这些问题并非一朝一夕产生的，且其妥善解决也是一项系统工程。个案式的努力和一事一议式的解决方式无法保证一以贯之的努力，同时，也无法保证问题处理的公平性。因此，从制度建设角度考察和研究民生保障问题，把保障和改善民生的问题纳入制度化、规范化的轨道是当前需要尽快进行的重要事业。

党的十八大报告指出："加强社会建设，必须以保障和改善民生为重点。要多谋民生之利，多解民生之忧，解决好人民最关心最直接最现实的利益问题，在学有所教、劳有所得、病有所医、老有所养、住有所居上持续取得新进展，努力让人民过上美好生活。"保障民生理论从马克思主义理论视角出发，旨在系统梳理我国保障民生理论的来源，在我国形成发展的逻辑进程和当代实践。首先，确定了民生和保障民生的概念，作为保障民生理论的科学内涵。然后，着重分析了我国保障民生思想的来源，即中国古代民本思想传统、孙中山"三民主义"和西方人本主义思想。以人的自由和解放为导向的马克思主义一直强调保护民生，反对人的异化。我国具有悠久的民本思想，作为中国传统文化的精华深深地影响着当代民生理论，孙中山是第一个将"民生"上升到主义层面的中国人，对中国共产党的民生理论有一定影响。西方的人本主义和社会保障理论，影响着现代化进程中的民生改善问题，为我们保障和改善民生提供了重要参考。其次，着重分析了我国民生理论的最重要来源——马克思主义保障民生理论，详细阐述了马克思、恩格斯保障民生理论的形成过程和主要内容，再现了列宁的保障民生理论内容及其对今日中国的借鉴意义。再次，解读了中国共产党保障民生理论及其进程，分别通过毛泽东的"四个现代化"民生目标，邓小平的"共同富裕"民生目标，江泽民的建设"全面小康社会"民生目标，胡锦涛的"构建和谐社会"民生目标，以及新一届中央领导改善民生的决心，反映出党的历代中央领导集体关注和解决民生的努力。最后，概述了我党在新民主主义革命时期、建国以来到改革开放前和改革开放以来保障民生的实践，充分肯定了中共建党后尤其是改革开放以来我国在民生建设方面取得的伟大成就，同时也指出了在当前和今后一段时期，我国在进一步加强保障和改善民生方面应该注重的着力点。

第一章 保障民生理论的科学内涵

第一节 民生

民生，顾名思义就是指人民的生活，生活自然是一个复杂而多彩的世界，它包括了人类社会甚至与人类社会相关的方方面面，理解这个概念需要多重考察。

"民生"一词最早出现于《左传·宣公十二年》，"民生在勤，勤则不匮"一句，认为"百姓生存之道在于勤劳，勤劳才能丰衣足食"。但是保障民生，不能仅寄托于百姓自身，这更是执政者的责任所在，为此古人提出了"以民为贵"的民本观念，阐发了最初的民生思想。如老子说："圣人无常心，以百姓心为心。"孔子提出仁政思想，要求统治者为政以德，宽厚待民，施以恩惠，以利争取民心。孟子提出"民为贵，社稷次之，君为轻"。荀子在他的《荀子·王制》中说："君者，舟也；庶人者，水也；水者载舟，水者覆舟。"后来，朱熹指出："国以民为本，社稷亦为民而立。"明代黄道周在《节寰袁公传》中言："朝有不直，毁名之臣，则民生休戚，人品邪正，谁复为国家昌言乎？"明代何景明《应诏陈言治安疏》："民生已困，寇盗未息，兵马弛备，财力并竭。"章炳麟《訄书商鞅》："国政陵夷，民生困敝，其危不可以终一哺。"古代统治者谈及民生主要从"安民"和"抚民"的角度，认为自己的统治是在顺应"天命"，而"天命"取决于天下百姓的支持，因此，对百姓生活的关注和改善就被赋予一种道德责任。

20世纪20年代，孙中山先生将民生问题当作社会发展的核心问题，认为"民生就是社会一切活动中的原动力"。他在建国大纲中宣示，建设之首要在民生。在孙中山先生的理想中，民生主义是国事由国民直接参与，国家福利由国民全体享受的一种制度，最终进入幼有所教、老有所养、分业操作、各得其所的理想社会。

关注民生、改善民生是贯穿于马克思主义形成和发展的一条内在主线。在马克思、恩格斯生活的时代，马克思、恩格斯从历史唯物主义出发，提出工人的贫困是从现代劳动本身的本质中产生出来，造成工人贫困的根本原因是资本主义的生产关系。只有消灭资本主义生产关系，消灭这种人剥削人的制度，才能真正解决资本主义社会的民生问题。社会主义公有制取代资本主义私有制是历史发展的必然趋势，也是解决民生问题的根本制度保障。因为：第一，由于生产资料归社会占有，资本剥削和贫富差别被消除；第二，建立在公有制基础上的计划经济体制，能够避免私有制市场经济难以避免的经济危机、通货膨胀、盲目投资、浪费资源等弊端，社会产品极大丰富；第三，伴随着对所有儿童实行公共的和免费的教育工作的展开，每个人都能得到全面、自由的发展，真正成为自然和历史的主人，成为真正自由的人。

民生就其本质而言应该是生存与发展的统一。而人作为最为复杂的有机体，不仅是自然的，也是社会的。因此，人的活动不仅仅表现为通过各种生存手段寻求身体所需的物质能量以维持生命，更主要的是赋予生命存在的意义和价值。民生不仅仅是物质生活问题，还包括人的精神需求，比如幸福、求知、德行等形而上因素，"人从来不会满足于既有的生活、既得的性质，总在追求一种更新的生活，更高的本质，即不断地超越自我"。也就是说人的生存本身就内在地具有一种形上追求和形上维度。人的这种形上追求和形上维度与民生所指向的精神文化层面是内在关联的。一方面，人的形上追求引导着精神文化的发展方向，另一方面人的形上维度也是通过精神文化层面的对象所塑造出来的。因此，当我们强调保障和改善民生的时候，我们不仅关注人的基本的生命存在，也是在更高的层面为人的形上追求提供良好的条件和平台。民生不是单纯从个体的生活利益出发，而是以国家利益为前提的，"国计"决定了"民生"的可能性。保障和改善民生是我们处于政治国家阶段的一个必须的任务，而这一任务的完成同时也要借助于政治国家的实现。民生问题包括由低到高、呈现出一种递进状态的三个层面上的具体内容。第一个层面主要是指民众基本生计状态的底线。这一层面上的民生问题主要侧重民众基本的"生存状态"，社会要保证每一个社会成员"能够像人那样有尊严地生存下去"。其具体内容包括：社会救济，最低生活保障状况，基础性的社会保障，义务教育，基础性的公共卫生，基础性的住房保障。第二个层面的内容主要是指民众基本的发展机会和发展能力。人不仅要有尊严地生存下去，还要有能力生存下去。这一层面上的民生问题主要侧重民众基本的"生计来源"问题，考虑每一个社会成员"要有能力和机会活下去"的问题。社会成员基本的发展能力和发展机会问题，以期为民众提供起码的发展平台和发展前景。其具体内容包括：促进充分就业，进行基本的职业培训，消除歧视问题，提供公平合理的社会流动渠道，以及与之相关的基本权益保护问题等等。第三个层面的内容主要是指民众基本生存线以上的社会福利状况。侧重民众基本的"生活质量"问题，随着经济发展水准和公共财力的大幅度提升，随着现代制度的全面确立，进一步需要考虑的问题应当是为全体社会成员提供使生活质量得以全面提升的福利。主要包括民众应当享受到的较高层面的社会福利。总之，现代的民生概念有广义和狭义之分，广义的民生泛指与一切民生有直接或间接联系的活动总称，在这个意义上必然涉及政治、经济、文化的很多方面，广义民生的意义在标识出民生问题的重要性和包罗性，也正由于其内涵过于宽广而使其与具体政策相去甚远，因而更常用的是指狭义层面的民生概念。狭义民生是指在社会建设层面人们的基本生存和生活状态，民众的基本发展机会、基本发展能力和基本权益保护的状况。如无特殊说明，我们通常所说的"民生"就是指狭义概念的民生，它与当下语境的民生问题或者是民生政策相对应。

第二节 保障和改善民生

中国共产党把民生问题与党的执政地位巩固联系起来，把"以人为本、执政为民"视为"马克思主义政党的生命根基和本质要求"，视为"我们党一贯的政治主张和执政理念"。因为，只有党始终代表人民群众的根本利益和愿望，关注民生、重视民生、保障民生、改善民生，使人民的生活越来越幸福，才能赢得人民群众的信任、拥护和支持，党的十七大报告提出："加快推进以改善民生为重点的社会建设"，"努力使全体人民学有所教、劳有所得、病有所医、老有所养、住有所居"；党的十七届五中全会指出，当代中国要"更加注重保障和改善民生，促进社会公平正义"，"坚持把保障和改善民生作为加快转变经济发展方式的根本出发点和落脚点"。党的十八大报告更加关注民生，强调加强社会建设，必须以保障和改善民生为重点。提高人民物质文化生活水平,是改革开放和社会主义现代化建设的根本目的。要多谋民生之利,多解民生之忧,解决好人民最关心的最直接最现实的利益问题,在学有所教、劳有所得、病有所医、老有所养、住有所居上持续取得新进展,努力让人民过上更好的生活。所谓保障和改善民生是指从国家或政府层面保障人民群众的基本生存和生活状态,基本发展机会、基本发展能力和基本权益保护的状况。党的十八大不仅提出了更加注重保障和改善民生的原则,而且具体提出了如下保障和改善民生的具体对策和方向。

优先发展教育,建设人力资源强国。教育是民族振兴的基石,教育公平是社会公平的重要基础。要全面贯彻党的教育方针,坚持育人为本、德育为先,实施素质教育,提高教育现代化水平,培养德智体美全面发展的社会主义建设者和接班人,办好人民满意的教育。优化教育结构,促进义务教育均衡发展,加快普及高中阶段教育,大力发展职业教育,提高高等教育质量。更新教育观念,深化教学内容方式、考试招生制度、质量评价制度等改革,减轻中小学生课业负担,提高学生综合素质。坚持教育公益性质,加大财政对教育的投入,规范教育收费，扶持贫困地区、民族地区教育，健全学生资助制度，保障经济困难家庭、进城务工人员子女平等接受义务教育，加强教师队伍建设，重点提高农村教师素质，鼓励社会力量兴办教育。

实施扩大就业的发展战略，促进以创业带动就业。就业是民生之本。要坚持实施积极的就业政策，加强政府引导，完善市场就业机制，扩大就业规模，改善就业结构。完善支持自主创业、自谋职业政策，加强就业观念教育，使更多劳动者成为创业者。健全面向全体劳动者的职业教育培训制度，加强农村富余劳动力转移就业培训。建立统一规范的人力资源市场，形成城乡劳动者平等就业的制度。完善面向所有困难群众的就业援助制度，及时帮助零就业家庭解决就业困难。积极做好高校毕业生就业工作。完善和落实国家对农民工的政策，依法维护劳动者权益。

深化收入分配制度改革，增加城乡居民收入。要坚持和完善按劳分配为主体、多种分配方式并存的分配制度，健全劳动、资本、技术、管理等生产要素按贡献参与分配的制度，初次分配和再分配都要处理好效率和公平的关系，再分配应更加注重公平。逐步提高居民收入在国民收入分配中的比重，提高劳动报酬在初次分配中的比重。着力提高低收入者收入，逐步提高扶贫标准和最低工资标准，建立企业职工工资正常增长机制和支付保障机制。创造条件让更多群众拥有财产性收入。保护合法收入，调节过高收入，取缔非法收入。逐步扭转收入分配差距扩大的趋势。

加快建立覆盖城乡居民的社会保障体系，保障人民基本生活。要以社会保险、社会救助、社会福利为基础，以基本养老、基本医疗、最低生活保障制度为重点，以慈善事业、商业保险为补充，加快完善社会保障体系。促进企业、机关、事业单位基本养老保险制度改革，探索建立农村养老保险制度。全面推进城镇职工基本医疗保险、城镇居民基本医疗保险、新型农村合作医疗制度建设。完善城乡居民最低生活保障制度，逐步提高保障水平。发扬人道主义精神，发展残疾人事业，加强老龄工作，强化防灾减灾工作。健全廉租住房制度，加快解决城市低收入家庭住房困难。

建立基本医疗卫生制度，提高全民健康水平。要坚持公共医疗卫生的公益性质，坚持预防为主、以农村为重点、中西医并重，实行政事分开、管办分开、医药分开、营利性和非营利性分开，强化政府责任和投入，完善国民健康政策，鼓励社会参与，建设覆盖城乡居民的公共卫生服务体系、医疗服务体系、医疗保障体系、药品供应保障体系，为群众提供安全、有效、方便、价廉的医疗卫生服务。提高重大疾病防控和突发公共卫生事件应急处置能力。加强农村三级卫生服务网络和城市社区卫生服务体系建设，深化公立医院改革。建立国家基本药物制度，保证群众基本用药。加强医德医风建设，提高医疗服务质量。确保食品药品安全。

完善社会管理，维护社会安定团结。社会稳定是人民群众的共同心愿，是改革发展的重要前提。要健全党委领导、政府负责、社会协同、公众参与的社会管理格局，健全基层社会管理体制。最大限度激发社会创造活力，最大限度增加和谐因素，最大限度减少不和谐因素。健全社会治安防控体系，加强社会治安综合治理，改革和加强城乡社区警务工作，依法防范和打击违法犯罪活动，保障人民生命财产安全。

第二章 保障民生思想探源

中国共产党的民生理论主要有着较为丰富的思想来源,马克思、恩格斯和列宁等经典作家的民生思想指引着我国民生理论的方向;中国古代具有悠久的民本思想传统,对于现代保障民生思想形成具有重要的价值和意义;西方较为丰富的保障民生理论,作为学术意义上的民生理论建构,对于我们保障和改善民生具有重要的影响。

第一节 中国古代保障民生思想

中华民族是一个特别重视现实生活和人生幸福的民族,中国人对民生问题的关注一以贯之,既反映在我国历代统治者和思想家对民本思想的重视上,又体现在政治家改善民生的宝贵实践和人民对幸福生活的执着追求上。

早在尧舜禹时期，统治者就已经能认识到"天命，人其代之"，"天命"实际上就是"民意"、"民心"。因此"民之所欲天必从之"，民意是天命的一面镜子，"人无于水监，当于民监"。因为"民为神之主"，"国将兴，听于民；将亡，听于神"。东汉王符进一步认为："天以民为心，民安乐则天心顺，民愁苦则天心逆。民以君为统，君政善则民和洽，君政恶则民冤乱。君以恤民为本。"民众的利益是至高无上的，君主顺从天命的关键就在于"恤民"，使"民安乐"，这样才能"民和洽"。春秋战国时期，随着铁器和牛耕的使用和推广，社会生产力日益提高，奴隶制逐步瓦解，封建制度逐步形成，民众在变革的社会政治生活中显示了巨大的力量，同时劳动者又是生产力系统中最活跃的因素，"人的积极能动作用是一切积极因素中最具有决定性的"。面对动荡的社会现实，为了应付争霸战争的需要，巩固和扩大自身势力，同时对夏商周诸王朝兴亡的历史经验和教训进行了总结和思考，正在转变发展中的新兴地主阶级及其知识分子开始认识到劳动者的力量，开始重视并改善劳动者的生存状况，民本思想得以产生并初步发展。言"民惟邦本，本固邦宁"，管子进一步提出："以人为本。本理则国固，本乱则国危。"而要兴"人本"，就必须"厚民生"，对民众"爱之，利之，益之，安之"。因为"仓廪实而知礼节，衣食足则知荣辱"，"政之所兴，在顺民心；政之所废，在逆民心"。可以说，人民是国家的根本，决定着朝代的兴衰、社稷的安危与国家的存亡，故"民无不为本"。明末清初思想家黄宗羲提出"天下为主君为客"，王夫之提出"君以民为基"，"盖天下之治乱，不在一姓之兴亡，而在万民之忧乐"。谭嗣同在《仁学》中更是振聋发聩地提出了"君末民本"的口号，更加突出了"民"的地位，他认为君的职责就是服务民众，这样社稷才能稳定。君都应该为百姓服务，更何况地方政权管理者和具体办事的官吏。

　　理论必然转化为治国理念，既然充分认识到民生问题的重要性，自然要求统治者有着爱民亲民、富民裕民的执政理念和保障民生的思想。治国之关键"无他，爱民而已"。孔孟历来认为安民一要安身，二要安心。安身就要使"百姓足"，使民富；安心就必须"设为庠序学校以教之"，以"明人伦"。只有把"富身"与"教心"结合起来，才能使民安于统治。李觏则进一步指出："所谓安者，非徒饮之、食之、治之、令之而已也,必先于教化焉。"满足民生需求不仅包括"饱食'、"暖衣"等物质层面的东西,而且包括置学校、"慎择师"、"服儒衣"、"读儒书"等精神层面的东西。这在一定程度上已认识到了民生内容的全面性。

统治者只有"存养天下鳏寡孤独,赈赡祸亡之家",使"万民富乐而无饥寒之色",才能实现"百姓戴其君如日月,亲其君如父母"的善治效果。孟子也认为:"保民而王,……老吾老以及人之老,幼吾幼以及人之幼。天下可运于掌。"而且君王要"与民同乐","乐民之乐者,民亦乐其乐;忧民之忧者,民亦忧其忧"。在孟子看来,君王只有将百姓的冷暖时常挂在心里,施仁政于万民,使百姓富足,与人民同乐,这样才能得到百姓的衷心拥护。

唐太宗亲眼见到由于统治残暴、不重民生,曾经强盛的隋朝被风起云涌的农民起义所推翻。这使他认识到:"为君之道,必须先存百姓。"要把百姓的生活保障好,若君主暴虐无道、残害百姓,那就会政息国亡。"君依于国,国依于民。……民愁则国危,国危则君丧矣。"他还经常反复告诫臣下和太子:"舟所以比人君,水所以比黎庶,水能载舟,亦能覆舟。"魏澂也经常规劝太宗要"重民力""厚民生""惜民财",拒绝骄奢,关心民生疾苦,这样才会国泰民安。唐太宗从谏如流,君臣同心协力,共同开创了"贞观之治"的民生盛世局面。

儒学大师王阳明认为,农民起义主要是由于封建官僚的贪欲、不爱民所致。他主张君子要"致良知",就必须"视人如己",体察民众疾苦,重视老百姓的"人伦日用",满足人民的生活需求。唐甄在明末社会大乱的过程中,意识到民众是"兵固边疆"、"食充府库"、"度尊朝廷"、"赏罚叙官职"这"四政"的基础,因此"虽官有百职,职有百务,要归于养民","天下之官皆养民之官,天下之事皆养民之事"。百姓"食必饱,衣必暖",社会才会出现富裕和谐、福瑞呈祥的"至善之世"。

"政之急者,莫大乎使民富且寿也。"民众安于统治的前提是生产发展,衣食无忧。务本裕民以固治,吃饭问题历来是民生的第一要务。在封建农业社会中,重视农业生产以保民生是历代思想家的共识。东汉王符就认为:"夫为国者以富民为本,……夫富民者以农业为本,……守本离末,则民富；离本守末，则民贫。"务本保民是国家安定和统治长久的前提，"国之所以为国者，以有民也。民之所以为民者，以有谷也。"唐太宗更是明确指出，"凡事皆须务本。国以人为本，人以衣食为本"。只有"务本"，大力发展农业生产，百姓才能五谷丰登、家给人足，社会才能稳固安定。

封建社会时期的"民本思想"一般在统治政策经济方面都表现为"农本思想"，具体做法就是"重农抑商"、"重本抑末"，以此来发展封建经济，缓和社会矛盾，巩固地主阶级统治。封建社会主要是自然经济，对众多劳动力的依赖性较强；也正因如此，历代封建社会的"清明盛世"，从汉朝的"文景之治"到清朝的"康乾盛世"，都离不开政治上的"民本"（减轻剥削、约束官僚）和经济上的"民本"（重视农业生产）等思想和措施。

当然，也不乏"本末并举"的富民思想。早在《六韬》中记载，姜太公认为要使民富国安，必须实行"大农、大士、大商"，"三宝全，则国安"。管子也主张在"省刑罚，薄赋敛"的基础上，必须充分发挥士、农、工、商各行业繁荣经济、满足百姓多样化生活需求的积极作用,"四民交致其用而后治化兴"。清末林则徐更是把"商民"也作为"兴邦之本",反对损害商民利益的"骤平洋钱之价"等措施,鼓励华商出洋,放手发展对外贸易,以发展生产力、改善民生,在重农抑商的封建社会里,这些思想实为罕见。中国自古就是一个农业大国,农民占大多数,农民稳,天下安。土地是农业社会最重要的生产资料,土地的所有性质决定着社会制度性质,封建社会的民本思想具体到土地政策上主要是主张公平分配土地,汉代董仲舒针对豪强贵族不断兼并土地的现象,也主张要"均贫富"、"塞并兼之路",要"使富者足以示贵而不至于骄,贫者足以养生而不至于忧,以此为度而调均之",制定限富补贫、缩小社会差距的制度来调配人们的收入,以免造成贫富悬殊、社会动荡的局面。北宋中期,李觏针对"贫者欲耕而或无地,富者有地而或乏人"的状况,提出要"平土"、"均田",把土地分给无地或少地的农民,防止官吏豪强霸占过多土地,使"耕者得食"、"蚕者得衣",达到"谷出多而民用富,民用富而邦财丰"。王安石更是极力主张"抑豪强,伸贫弱,使贫富均受其利",

通过实行青苗法、均输法、免役法、方田均税法、市易法等具体的变法政策"省劳费，去重敛，宽农民"。这些变法主张，客观上发展了农业经济，改善了民生。将均田思想推向极致的是清末农民起义领袖洪秀全，针对封建地主土地制度极端不合理的状况，他创造性地提出了"凡天下田，天下人同耕"的思想，并颁发《天朝田亩制度》，规定"凡分田照人口，不论男妇"，把鳏、寡、孤、独、废、疾"皆颁国库以养"，最后达到"有田同耕，有饭同食，有衣同穿，有钱同使，无处不均匀，无人不饱暖"的民生理想社会，这可以说是历史上农民起义者第一次提出了有关分配土地的具体方案。这一理想给封建统治者以沉重的打击，是近代先进中国人摆脱封建禁锢、改善民生的一个大胆设想。但由于不成熟的社会历史条件和不代表新的先进生产力的阶级局限性，又提不出真正解放自己的科学方案，只能是一种对未来"乌托邦"式的幻想。

民本思想在封建社会的不同发展阶段对君主专制制度的态度也不一样。封建社会前期，生产力水平较低，小农经济本身具有分散性，它要求有一个强有力的中央政权，维护国家的统一和社会的安定，以保证其生产和再生产；同时封建地主阶级也需要一个强有力的政权保护封建土地所有制，镇压农民的反抗。而小农经济又是专制王权建立的基础，是国家兵力和财政的直接来源，没有农民的配合，任何一个政权都无法维持。因此，明清以前的民本思想与君主专制制度是一致的，这一时期的民本思想绝大部分都没有从根本上冲击君主专制制度，其本身并不带有民主性质，它并不否定君主专制制度的合理性，其出发点是如何统治民众，以君为本，其归宿仍然是如何统治民众，维持和巩固君主专制。封建社会后期，社会生产力不断发展进步，资本主义萌芽产生并缓慢发展，却受到了封建专制制度的严重阻碍，这反映到社会经济思想上，即民本思想有了新的反思和提升，集中表现为黄宗羲等进步思想家赋予了传统民本思想新的含义，增添了新的内容。传统民本思想的局限性，被慢慢突破了，黄宗羲指出："天下之治乱，不在一姓之兴亡，而在万民之忧乐。"顾炎武进一步提出："天下兴亡，匹夫有责。"王夫之也提出了"以民为基"思想，这些思想观点都冲击着君主专制制度，具有民主因素，对近代民生思想的产生起到了启蒙作用，对近代中国资产阶级改良运动和民主革命运动产生了重大影响。

第二节　中国近现代保障民生思想

自从近代中国逐渐沦为半殖民地半封建社会以来,我国的各种阶级和政治力量都致力于争取民族独立、国家富强和人民富裕的尝试。太平天国起义作为农民运动的最高峰,由于自身的局限性以失败而告终;以康梁为代表的统治阶级内部发起的君主立宪运动也没有改写历史;以孙中山为代表的民族资产阶级革命派推翻了两千多年的封建主义专制统治,虽然没有真正使中国朝向资本主义制度方向前行,但提出的民生思想却足以对今天产生重要的影响。回顾孙中山先生的"民生主义",依然闪烁着智慧的光芒。

中国近现代保障民生思想无法避开孙中山先生的"三民主义"。孙中山的一生,始终以"关怀民生"为念。在他早期著作《上李鸿章书》中,就已经提到"民生"二字。但对民生概念作比较系统的解释,则是在1924年写的《民生主义》一文中。他说:"民生就是人民的生活——社会的生存、国民的生计、群众的生命便是。"在孙中山的"三民主义"中，民生主义是最终归宿，民族主义和民权主义都是为实现民生主义服务的。孙中山之所以把民族主义和民权主义放在民生主义之前，是因为他看到当时的中国处处受列强奴役控制，经济成为帝国主义经济的附庸，而清政府卖国求荣，充当帝国主义的工具，老百姓更是无任何权利可言，受到帝国主义和封建主义的多重压迫。在这种民族不独立、民权无保障的情况下，要解决民生问题是不可能的。但孙中山献身革命的根本出发点还是要使中国民众摆脱贫困，过上幸福美满的生活。他认为，三民主义比西方资本主义所提倡的"自由、平等、博爱"要优越，因为他有重点，即他有解决人民生活的民生主义。实现民生主义才是争取民族独立、保障民权的最终目的。他指出："社会的文明发达、经济组织的改良和道德的进步，都是以什么为中心呢？就是以民生为重心。民生就是一切社会活动的原动力。因为民生不遂，所以社会的文明不能发达，经济组织不能改良和道德退步，以及发生种种不平的事情。"民生就是政治的中心，就是经济的中心，和种种历史活动的中心，好像天空以内的重心一样。民生不仅是社会变化发展的根本动力，而且是人类一切活动的原始推动力量。因此,"再不可说物质问题是历史中的中心,要把历史上的政治和社会经济种种中心,都归之于民生问题,以民生为社会历史的中心"。孙中山心目中的理想社会是天下为公的大同社会,其主要标志就是民生的实现,即"幼有所教、老有所养,分业操作、各得其所"的大同社会。他的民生思想主要包括四个方面的内容:即平均地权、节制资本、振兴实业、发展教育。

一、提出平均地权的土地思想

孙中山认为,土地是全人类应该共同享有的财产,地主私自占有土地是对人类财产的侵占,地主不劳而获、坐享其成是最大的不公平。孙中山认为中国当时没有大资本家和显著的资本主义生产关系,所以只要通过合理地解决土地问题便可以直接过渡到社会主义,"预防"资本主义的祸害,"可举政治革命与社会革命",使之毕其功于一役。针对土地问题,孙中山提出了"平均地权"的思想。他认为,平均地权是实行三民主义的"第一件事","此事做不到,民生主义就不能实行"。所谓平均地权,就是"核定天下地价,其现有之地价仍属原主所有，其革命后社会改良进步之增价，则归于国家，为国民所共享"。具体操作办法大体遵循"核定地价"、"照价纳税"、"照价收买"、"涨价归公"的步骤，即地主自报地价，国家按值百抽一的比例取税；原价归地主所有，因社会进步而产生的增价则归国家所有，作为社会公益事业之用；国家需要土地时，则按核定地价随时从地主手中收买。这个方案只允许地主在原价基础上收取部分地租，新增价值都必须交公，借以防止地主借土地所有权牟取暴利。而国家不保护地主私有土地，如地主不纳税，可以没收充公，并且国家可以随时收买。平均地权的方案反对采取激烈手段没收地主土地，而是通过剥夺地主借土地所有权获得地租的权利来实现国有化。孙中山认为，实现了土地国有化，既可以解决中国的贫弱和人民的衣食住行问题，又可以防止贫富分化及社会革命的发生，是一举两得。到新民主主义革命时期，在中国共产党的帮助下，他认识到，中国绝大多数人口是农民，全国各阶级中农民所受的痛苦最深，如果农民不参加革命，革命就没有基础。孙中山认真总结了以往的经验教训，为更好地解决土地问题及农民问题，在"平均地权"的基础上，实现耕者有其田的主张。他提出"农民之缺乏田地沦为佃户者",又进一步提出了"耕国家当给以土地,资并为之整顿水利,移殖荒橄,以均地力"。我们解决农民的痛苦,归结到底是要耕者有其田。这就直接支持了农民的土地要求,具有反封建土地所有制的"耕者有其田"思想的提出,扭转了以往只从城市土地着眼,忽视农民土地要求的倾向,是孙中山平均地权思想的重大发展。

二、实行节制资本的国家经济政策

对于资本的态度,孙中山曾说:"夫吾人之所以持民生主义者,非反对资本,反对资本家尔。"由此可以得出结论,他并不是真正反对资本主义,而是对资本主义的剥削深恶痛绝,孙中山曾把资本家比作无良心者。当然这里的资本家主要是指少数垄断经济、垄断国家财富、有可能操纵国计民生的私人资本家。孙中山认为,在当时的中国,借鉴学习西方先进经验和技术、发展资本主义是历史的必然,但为了防止资本家垄断之流弊,避免西方文明之恶果,他提出"节制资本"的方案。节制资本是为了限制私人垄断资本的产生,不让垄断资本独占经济利益和操纵国计民生,从而防止产生贫富悬殊和发生阶级对抗。关于如何节制私人资本，孙中山说："凡本国人及外国人之企业，或有独占的性质，或规模过大为私人之力所不能办者，如银行、铁道、航路之属，由国家经营管理之，使私有资本制度不能操纵国民之生计。"也就是说，凡有关国计民生的重要行业，不能由私人资本操纵，更不能让外国人操纵，不能让其随意发展。同时，孙中山还认识到，中国有特殊的国情，外国富，中国贫，外国生产过剩，中国生产不足，因此，单靠节制资本的办法是不够的，还必须发展国家资本。孙中山强调，节制私人资本的目的不是限制资本主义经济的发展，恰恰是要促进资本主义经济的发展，只不过这种资本主要由国家控制、为全民享有。孙中山认为，中国当时的情况是普遍贫穷，面临的关键问题是如何发展脱贫。因此，当务之急是发达国家资本，兴办实业。发达国家资本，就是加强国家对一些如铁路、公路、银行、邮电等关乎国计民生的重要行业的经营、管理和控制。国家资本发达了，才有能力节制本国或外国私人资本的垄断，才能创造出巨大的财富，才能将这些财富造福于全体人民，才能为从根本上解决民生问题打下坚实的基础。

三、提出振兴实业乃救国之道

孙中山认为,中国面临的问题不是患不均,而首先是患贫穷。他强调指出:"非振兴实业不能救贫。"他曾深有体会地说:"余观列强致富之原,在于实业。今共和初成,兴实业实为救贫之药剂,为当今莫要之政策。"因此,孙中山提出了"实业救国之道"。孙中山的实业思想集中体现在他写于1921年的《实业计划》一书中,主要包括以下几个方面:(1)提出了发展实业必须遵循的四个原则:必选最有利之途以吸外资;必应国民之所最需要;必期抵抗之最少;必择地位之最少。(2)提出了具体的发展实业的六大规划:第一,首先在北方建设大港,其地点选择在秦皇岛与葫芦岛之外,位于大沽口、秦皇岛之间和青河与滦河两口之间;建设西北铁路系统,与北方大港连成一片;移民内蒙古、新疆;疏浚运河以联络北部、中部通渠及北方大港,开发直隶、山西等省煤、铁等矿产资源。第二,在杭州湾正南建一东方大港,为中国中部一等港,同时整治扬子江水路及河岸;建设内河商埠;改良扬子江之现存水路及运河;创建士敏土厂。此计划主要涉及水路交通。第三，将广州改造为世界大港；改良广州水路系统；建设中国西南铁路系统；建设沿海商埠及渔业港；创立造船厂。第四，主要涉及铁路建设，拟建十万英里铁路，建成中央铁路系统、东南铁路系统、东北铁路系统、西北铁路系统、高原铁路系统，同时建立机车、货车、客车制造厂。第五，关于各种工业的生产问题，包括粮食工业、衣服工业、居室工业、行动工业、印刷工业。第六，关于矿产的冶炼、开发，主要有铁矿、煤矿、油矿、铜矿、特种矿之采取，矿业机器之制造，冶矿机厂之设立。（3）提出了利用外资发展实业的方式和原则。在孙中山的发展实业的思想中，通过对外开放、利用外资发展实业是重要内容。关于利用外资的方式，孙中山认为有三种方法："一、借资合办，二、华洋合股，三、定以期限，批与外人承筑，期满无价收回。"在三种方法中，他最为推崇第二种。孙中山还强调，利用外资绝不能丧权辱国，必须坚持以下原则：第一，利用外资以国家利益为上，而不得损害。他曾明白表示，新政府借债，一不失主权，二不用抵押，三利息甚低。第二，利用外资主要通过民间合作，避免政府间借债所带来的有损国家主权及国际矛盾诸事的发生。

四、发展教育作为国家富强的首要手段

孙中山认为,使中国成为繁荣富强的新兴现代国家,就必须发展教育,并且必须把发展教育、开发智力放在首位。(1)提倡普及教育。孙中山认为,教育之道,首贵普及。他尖锐抨击了封建社会对"贫贱者"受教育权利的剥夺。他提出:"四万万之人皆应受教育。"只有全体国民皆有受教育的权利,提高科学文化程度,民族才能兴旺,国家才能富强。1923年1月,孙中山在《中国国民党宣言》中明确规定,"厉行教育普及,增进全国民族之文化",并将此项列为中国国民党建设政策的首要内容。1924年1月,他在《中国国民党第一次代表大会宣言》中再次重申要实行"普及教育之制",并把"厉行教育普及,以全力发展儿童本位之教育"列为中国国民党政纲之一。孙中山认为,要普及教育,必须树立平等的教育观,无论男女、长幼、贫富、贵贱,均有平等享受教育的权利,对妇女教育、儿童教育问题尤应特别关注。(2)提倡义务教育。他认为:"让人人都能读书,才可以说是普及教育制度;若是不然,便是贵族制度,便是

资本制度。"（3）要普及教育，必须使"那些穷家小孩都能够读书"。要使贫苦儿童都能安心上学，就要免收学费，并且要解决他们的衣、食、住、书籍等问题。因此，他主张"学费、书籍与学童之衣食，当有公家供给"，以免除贫苦学童的后顾之忧。（4）提倡兴办各种类型的专门教育。孙中山认为，理想的教育应该使每个人的不同才能都得到发挥，也能满足社会对于不同类型人才的需求。因此，他在1912年的《国民党宣言》中把学校分为政法、工商、师范、普通中学、女子教育。虽然这种分类很不全面，无法涵盖社会行业的方方面面，但它已彻底打破了中国传统的以学致仕的单一官本位主义教育模式，把教育看作是实现社会充分发展的根本手段。他强调指出，教育的根本宗旨是为全社会服务。孙中山还主张根据每个人的资质情况因材施教。适合高等教育者，使其接受各类高等教育。"资质不能受高等教育者，亦按其性之所近，授以农、工、商各艺，使有独立谋生之才。"他非常重视职业教育、成人教育，还给予过不少关于开办农业教育、工矿教育、军事教育的指示。

第三节 西方近现代保障民生思想

随着社会历史的发展，西方形成了较为丰富的保障和改善民生的思想，这些思想对于丰富和完善我国改善和保障民生思想具有重要的价值和意义。

一、"人权保障"保障民生理论

18世纪的启蒙思想家们，大多数都从哲学意义上的人道、人性和平等的观念出发，从人权角度对君主专制制度进行了尖锐猛烈的批判。启蒙运动时期人道主义的一个最主要的特点，就是它直接和代表资产阶级及广大民众利益的各种政治的、经济的要求结合起来，并使之在实际上成为资产阶级革命的纲领。许多启蒙思想家认为，既然人性是共同的，因而人与人应当是平等的。他们从人性和人道出发，对个人主义的合理性作了论证。霍尔巴赫和许多启蒙思想家都主张人们应当追求自己的利益，但要以不妨碍别人的利益为前提，不要引起别人的反对，而要争取博得别人的赞许和帮助。启蒙思想家还提出了天赋人权理论，这种理论充分肯定了人的地位、人的价值和人的尊严，实际上否定了神权和贵族特权。

18世纪的思想家对平等作了理论上的阐述，认为人是生而平等的，平等是上天赋予的、不可转让的权利。他们要求平等地按照买卖双方的权利进行等价变换，要求平等地竞争和享有公民的权利，团结广大下层民众，共同反对封建专制、等级和特权，重新高举平等的旗帜。民主主义，强调人在政治上的平等的一个自然结论是人们对于政治的平等参与。马尔西里奥认为："为了获得民众对国家的忠诚与服从，一种能够保证大众参与的共和国是最好的政体，因为在这种政体之下，人们自然会把法律视为某种他们自己制定并施于自己身上的东西；同时，也只有民众才是对官吏最好的裁判者。"民主政体并不可能在任何情况下都以全体一致的方式进行政治决策，这就必然会出现一个民主与自由的关系问题，也即是形成决策的多数与必须接受多数决定的持不同立场的少数之间的关系问题。卢梭认为，多数的意志具有一种道德的约束力，是公意的体现，因而少数可能被"强迫"自由；而托克维尔是考察了在民主制的前提下如何保证个人自由的理论家，他认为："使人各自独立的平等，也使人养成只按自己的意志进行个人活动的习惯和爱好。人在与自己相等的往来当中和作为个人的生活习惯而永远享有的这种完全独立，使人对一切权威投以不满的目光，并很好激起关于政治自由的思想和对于政治自由的爱好。"在民主政体下，防止多数人的专制与防止少数人的专制同样重要。

不难看出，18世纪西方政治思想家对民生的关注，突出的是人权价值，平等、自由、民主是重要的理念。启蒙思想包含着十分丰富的民生思想，其为后来的民生理论与实践的进一步发展提供了思想前提和价值基础。

二、"社会保障"保障民生理论

西方社会保障理论最早的理论渊源可以追溯到亚当·斯密，他在《国民财富的性质及其原因的研究》一书中，论述了如何推动个体利益和社会福利的共同增长，进而来实现社会整体福利水平提高的设想。当代西方社会保障理论开始于福利经济学。20世纪20年代产生的福利经济学的代表人物庇古主张国家实行养老金制度和失业救助制度，建立了福利经济学的社会保障理论。凯恩斯主义经济学以需求管理为基础建立了其社会保障理论。他认为,一国的生产就业主要取决于有效需求,但是由于心理规律的作用,会经常出现有效需求不足,从而导致经济危机与失业的发生。国家必须对自由市场经济进行干预,运用财政政策,通过政府有目的和有意识的财政支出和收入来影响消费需求。凯恩斯的追随者主张通过税收和转移支付来增加穷人的消费支出,从而实现宏观经济的均衡。经济萧条时期,社会保障支出的增加会刺激消费需求与投资需求的增加,从而使经济运行走出低谷。

19世纪末20世纪初,资本主义开始从自由竞争向垄断过渡,阶级矛盾急剧尖锐化,费边社会主义试图用温和的、渐进的改良政策实现它所向往的"社会主义"。其价值观念是英国在二战后实施"普遍福利"政策的理论基础。费边社会主义是在"费边社"的基础上形成的一种社会思潮。"费边社"是英国社会主义运动中心以研究和教育宣传为主要目的的组织,成立于1884年,其成员包括一批关心社会问题的中产阶级知识分子,如著名的文学家伯纳德·萧伯纳、社会理论家悉德尼·韦伯和比阿特丽丝·韦伯夫妇等。他们以古罗马名将费边作为学社名称的来源,意即效法费边有名的渐进求胜的策略。公元前217年,费边接替前任败将的职务,迎战迦太基的世纪名将汉尼拔。费边避其锋芒,改用迅速、小规模进攻的策略,从而达到避免失败又打击对方的目的。经过八年的苦战,费边终于击败了汉尼拔。从此费边主义成为缓步前进、谋后而动的代名词。费边社会主义的价值观念总的来说是一种集体主义价值观,这种学说是建构在对国家高度信任的基础上。其基本信念认为由资本主义到社会主义的实现,是一个渐进而必然的转变过程。他们看到英国民主宪政的扩展以及劳工组织的发达,足以促成必要的社会改革,因此排斥马克思阶级斗争及激烈革命的观点,改用民主温和的方式,企图以国家作为推动改革的工具,主张废除土地私有制,实行工业国有化,以及由国家实现各种社会福利。其社会改良思想包括:国家是个理想的、为社会服务的工具;社会仅靠市场力量进行分配是不够的,政府的任务是调整市场制度造成的不公正,以一种集体的精神关心社会的福利和平等。费边社认为社会主义是"国家社会主义",它是"医治有缺陷的工业组织和极端恶劣的财富分配办法所引起的疾病的良药"。费边社会主义有三个基本的价值理念,即平等、自由和互相关怀，平等有利于社会的整合，自由可以使公民实现自己的生活价值和目标，互相关怀能够弘扬利他主义，促进社会和谐。费边社会主义的三个基本价值理念表现出强烈的集体主义倾向，其主要观点，一是从社会有机体的理论出发，认为社会中的人应在平等的基础上保持协作关系，贫富收入不宜过分悬殊，强调要提高国民素质必须保证国民基本生活标准；二是从平等、自由、民主、协作与人道主义的社会价值观推论出每个公民都应该享受最基本的文明生活，摆脱贫困，过上具有人的尊严的生活是每个人的权利；三是认为政府是一种理想的可用来为社会服务的工具，政府有责任和义务组织各种社会服务，采取各种手段改善国民的社会福利。费边社会主义者由此提出了对现代社会保障制度有着重要影响的主张，如国家最低生活标准、资源的社会管理、以累进税缩小贫富差别、整顿教育等，这些措施在费边社的努力下，通过一个一个的法案落实到国家立法中。费边主义者还参与协助了英国工党的成立，并成为工党中颇具影响力的会员，为后来英国工党的社会政策产生了直接而深刻的影响。当然，费边社的渐进社会主义主张也招致了当时其他一些知识分子的嘲笑，但费边社在承受着嘲笑的同时，坚定地朝着与嘲笑者相同的目标前进。

第二次世界大战结束之后，西方资本主义国家的社会保障理论又有新的发展。主要流派有新剑桥学派的社会保障理论、货币主义的社会保障理论、供给学派的社会保障理论。这一时期西方资本主义国家的社会保障的公共政策具有下列特点：一是社会保障政策是国家的一项主要社会政策；二是强调福利的普遍性和人道主义；三是福利开支基本上由企业和政府负担；四是保障项目齐全；五是社会保障的目的是维持社会成员一定标准的生活质量。进入上世纪80年代中期后，西方的社会保障理论开始重视社会保障对宏观经济均衡性的影响。当代西方社会保障理论十分庞杂，派系复杂，但是将其演变过程进行归纳可以将其特点概括表述为：一是公平与效率的关系问题始终是研究的核心；二是为通过国家干预来实现社会保障提供了依据；三是对西方社会保障模式的演变起了引领作用。

民生思想和实践的制度安排在近代西方国家主要体现为社会保障制度。有学者认为："社会保障制度，是指国家和社会为了维护社会成员的基本生存权利，保证和促进社会稳定和经济发展，对由于各种原因而失去生活保障的社会成员给予一定物质帮助的社会安全制度。"不难看出，社会保障制度是解决民生问题的国家层面的制度安排。当代西方社会把解决民生问题作为一种制度安排，与这些国家民主制度有着十分密切的联系，"一般说来，选民对福利制度有很强的依附，实施削减政策的政治家害怕在选举中遭到报复是有道理的"。显而易见，由于西方民主国家的特有国家与社会关系结构，现代西方国家的公共政策、制度安排都把民生摆在重要位置，这不仅关系到执政地位获得和巩固，而且关系到整个国家政局的稳定。

第三章　马克思主义保障民生理论

马克思、恩格斯等经典作家的著作中虽然没有直接出现"民生"的字样，但其理论却始终指向无产阶级的民生问题。唯物主义认为人的吃穿住用等基本生存问题是第一位的，人们必须首先满足这个基本前提。整个马克思主义可以称得上是"人学"，始终关注人、围绕人、解决人与外在世界及其人类社会的关系，所以，以马克思主义为指导思想的社会主义国家最关注民生问题。

第一节　马克思、恩格斯保障民生理论

马克思不是天生的马克思主义者，任何思想理论的形成都是主客观条件共同作用的结果。马克思、恩格斯保障民生理论的形成过程是一个历史过程，经历了萌芽阶段、形成阶段、成

熟阶段和发展阶段。保障民生理论的内容包括保障民生理论的主体、终极目标和实现路径。

一、马克思、恩格斯保障民生理论的形成过程

马克思、恩格斯民生思想是在马克思、恩格斯探索历史唯物主义的过程中逐步形成和发展起来的。这一过程大体上可分为开始萌芽、初步形成、走向成熟、继续发展等多个阶段。

（一）萌芽阶段：从《德谟克利特的自然哲学和伊壁鸠鲁的自然哲学的差别》到《莱茵报》

马克思、恩格斯民生思想在这一阶段还处在比较朦胧和自发的阶段，更多表现在对处于社会最底层苦难人民的同情和对统治阶级的愤慨，对底层人士的生存困窘、不自由的状态的无可奈何，激发了马克思开始确立为人们觅求幸福生活的心理；表现在理论的阐发上，则主要是对人的自由和权利的关注，并直面现实的民生境况。在这期间，马克思撰写的《博士论文》以及为《莱茵报》撰稿的文章，集中代表了马克思在这个时期理论思考的成果，因而成为马克思、恩格斯民生思想萌芽的标志。

马克思的思想在大学期间的变化是很大的。进入大学时，马克思并不喜欢黑格尔哲学，厌恶他的思辨。可是，包含真理性的思想总是吸引人的，特别是对于马克思这样勇敢追求真理的青年。在黑格尔哲学中，吸引马克思的正是他的辩证法思想。马克思从1837年转向黑格尔哲学，但他不是一个纯粹的黑格尔派，与青年黑格尔派一开始就存在分歧。马克思的博士论文看起来仅仅是一篇探讨古代哲学的论文，但它不是与现实无关的纯哲学问题研究，而是充分反映了马克思的政治观点，反映了对待当时德国社会现实问题的深刻看法。比如，马克思在论文中表现出反对宗教、宣传无神论的思想。他说"哲学并不隐瞒这一点"，并借用普罗米修斯的话说："老实说，我痛恨所有的神。"所有的神，就是既包括天上的神，也包括尘世的神，即封建统治者，马克思痛恨他们对人们精神与经济的多重压迫，剥夺了人们的自由权。又如，在理解自我意识与现实的关系上，马克思与黑格尔不同，也与青年黑格尔派不同。在黑格尔那里，他反对康德、费希特忽视自我意识与现实的辩证关系的看法，主张要看到两者之间的辩证关系，但趋向于与现实相调和；与青年黑格尔派不同的是，他把自我意识凌驾于现实之上，走的是一条重蹈主观唯心主义覆辙的道路。马克思对他们的错误展开了批判，发现了自我意识与现实的辩证作用。因此，当他发现自己的自我意识同现实相对立时，他就会调整方向，逐步使自己的思想观念趋向于跟踪客观现实，从而为自己思想的彻底转变开辟了新的道路。

如果说在《德谟克利特的自然哲学和伊壁鸠鲁的自然哲学的差别》时期，马克思只是抽象地表达了为全人类的福利而劳动的理想，把解决社会民生的任务寄托给了绝对理念的化身——国家，那么在《莱茵报》时期他的思想开始发生了转变。在《莱茵报》时期，当马克思面对活生生的现实生活、特别是赤裸裸的物质利益问题时，他猛然发现黑格尔唯心主义原则与现实生活之间存在着很大的差距，生活并不是他们所宣扬的那种，利用黑格尔所倡导的方法根本无法理解社会历史之谜。所以，当马克思面对普鲁士政府对人们出版自由权利的冷淡漠视，对劳动者艰难生活的置之不理，以及通过袒护有产者的法律时，他撰写论文批驳当权者的书报检查令是对人的精神自由的压制和暴行。在莱茵省，马克思始终站在劳动人民的立场上参与林木盗窃法的辩论，积极捍卫劳动人民的物质利益，要求为劳动人民保留在森林里捡拾枯枝习惯的生存权利。他说：捡拾树木枯枝与盗窃林木在本质上是根本不同的两回事，如果把捡拾树木枯枝也说成是对林木的盗窃，"那么法律就是撒谎"。但最终还是"利益占了上风"，捡枯枝属于盗窃的法律成立了。因此，马克思原有的国家观念同普鲁士的客观现实相矛盾了，普鲁士国家并不对所有人一视同仁。实际上，普鲁士的国家和法律已经成为林木占有者维护自身利益的工具和手段，它"为林木占有者的利益探听、窥视、估价、守护、逮捕和奔波"。在摩赛尔地区农民贫困原因的论战中，马克思已经认识到理性主义国家并非是普遍利益的真正化身；相反，该地区农民贫困的根本原因恰恰是国家制度的失职和不负责的行为造成的。马克思认为，对国家制度和管理原则起决定作用的是某种客观关系，并不是个人意志。因此，在研究国家生活现象时，要重视研究社会各种关系的客观本性，不能用当事人的意志来解释一切，否则是很容易走入歧途的。社会上所存在的这些关系，是不以人的意志为转移的，它决定了个别政权代表者的行动。在这里，马克思指出了在人的意志和行动背后的客观社会关系的作用，看到了客观关系对国家制度和管理原则的制约性，更进一步提出了探求国家生活客观基础的问题，这无疑是向历史唯物主义迈进了一步。

在《莱茵报》工作期间，马克思广泛接触了工人阶级斗争实践，接触了有关社会政治、经济生活的活生生的材料。马克思站在贫困农民的立场上，以寻求解决贫困者实际问题为目的，要求普鲁士政府承认其制度的缺陷以及由此导致的贫困的蔓延。马克思、恩格斯民生思想的立足点是作为历史唯物主义出发点的"现实的人"，"现实的人"最基本的问题是生存问题，贫困是影响人的生存的根本问题，是民生改善过程中必须面对的基本问题。因此，面对劳动人民的生存困境，马克思不仅深刻揭露了有产者和法律的伪善性，而且清楚地意识到国家政权和法律的虚伪性。他清楚地看到国家是维护统治阶级利益的工具，而不是黑格尔那里的"道德和自由的体现"；国家的一系列法律和法令，不能从绝对观念中去寻找，而必须从物质生活中去寻找根源。在此时期，马克思第一次超越了精神领域来探讨物质利益，并使之成为历史唯物主义形成的出发点。

（二）形成阶段：从《德法年鉴》到《德意志意识形态》

马克思、恩格斯民生思想在这一阶段进一步表现出与费尔巴哈疏离的特征，通过从"理论哲学"向"实践哲学"的转换，先前占据至上地位并为社会存在提供合理性论证的理论态度和理论立场失去了理性的光辉，一切必须在社会现实生活中加以重新审视和考量；表现在理论的阐发上，则主要是对人的解放的关注并提出了对现实资本主义民生异化的分析与批判，从而确立了新的世界观。在这期间，马克思发表在《德法年鉴》上的文章与《1844年经济学哲学手稿》《关于费尔巴哈的提纲》《德意志意识形态》等文章，集中代表了马克思在这个时期理论思考的成果，因而成为马克思、恩格斯民生思想初步形成的标志。

马克思在退出《莱茵报》后的六个月左右时间里，是他人生和思想发展的关键性阶段。在这里，他从社会舞台退回到书房，开始为《德法年鉴》撰写稿件。实际上，马克思在这个报刊上一共发表了两篇文章：《论犹太人问题》与《〈黑格尔法哲学批判〉导言》。《论犹太人问题》这篇文章的重要意义并不在于犹太人问题本身，而在于马克思通过犹太人解放问题的研究，探讨了政治解放和人类解放的关系，从而提出了解决社会民生的方法、途径——社会主义革命问题。马克思指出宗教束缚实际上是对社会生活的一种反映，鲍威尔不应将犹太人问题全部归结为宗教问题。在马克思看来，宗教已经不是世俗狭隘性的原因，而只是它的表现。因此，我们用自由公民的世俗情节来说明他们的宗教性格。我们并不认为：公民要消灭他们的世俗性格，必须首先克服他们的宗教狭隘性。我们认为：他们只有消灭了世俗性格，才能克服宗教狭隘性。我们不把世俗问题化为神学问题。我们要把神学问题化为世俗问题。于此同时，马克思还批驳了鲍威尔等在批判宗教时抽象地谈论人的解放，指出"政治解放本身还不是人类解放"，只有彻底消灭私有制的社会主义革命，才能使人类彻底解放，也才能真正实现民生的改善。但究竟如何实现人类解放，由什么力量来实现人类解放，马克思在《〈黑格尔法哲学批判〉导言》中给出了确切的答案，他说，"就在于形成一个被彻底的锁链束缚着的阶级"，这个阶级，"就是无产阶级"。同时，马克思也阐明了无产阶级解放与人类解放的关系，认为无产阶级和处于被压迫地位的人们在利益上具有一致性。马克思还提到在无产阶级实现自己伟大历史使命时要充分发挥哲学、理论的重要作用，因为理论一经掌握群众，也会变成强大的物质力量。因此，实现革命理论和革命实践的结合,才能使无产阶级的解放成为现实。可见,马克思在《〈黑格尔法哲学批判〉导言》中经历了一个由世俗批判到哲学批判、再由哲学批判诉诸现实批判的过程,最后得出结论:德国革命的目标在于"把德国人变成人",彻底把人从政治解放完成后的现实异化中解脱出来,实现全人类的解放,从而实现理想民生。

马克思在1844年写作的《手稿》中从"当前的经济事实出发"提出了异化劳动问题。在资本主义社会里,劳动者生产的产品越多,自己就越贫穷;劳动者生产的商品越有价值,自己就越廉价。事实表明,劳动产品异化了,劳动者的劳动异化了,从而人与人之间的关系也异化了,民生也就更无法实现。马克思对异化劳动基本特点的分析从现象入手,层层深入,最后通过人与人相异化,对资本主义社会的阶级对抗进行了深刻的揭露。此时的马克思通过对异化劳动的分析,把生产看成整个人类社会的基础,把劳动看成是人的本质,第一次把实践引入认识论,使马克思无论在认识论还是历史观上都高于费尔巴哈,从而超出费尔巴哈,过渡到研究现实的人及其历史,表现了新的世界观的萌芽;并第一次提出、阐发了"人的生产是全面的"思想,从而成为民生思想形成过程中的一个非常重要的环节。

《德意志意识形态》是马克思、恩格斯早期思想的科学结晶,在这本著作中,他们第一次较为系统地说明了历史唯物主义的基本原理。在这篇文章中,马克思、恩格斯进一步阐明了物质生产是人类社会存在和发展的基础;并指出费尔巴哈由于不了解实践活动的意义,因而不能正确理解人的本质。马克思强调,从事实践活动的人才是他考察历史的出发点。因为人们的第一个历史活动是要生产能够满足生活需要的资料,即生产物质生活本身。民生是什么?首先应包括"衣、食、住以及其他东西"。吃、穿、住就是生存的第一个基本前提,要说民生,这就是最首要的民生。可以说,民生是马克思考察社会历史的出发点。而要真正实现民生、发展民生,就要努力建立共产主义,高度发展生产力。在这本著作中,马克思、恩格斯还根据对资本主义经济的深度分析,概括地指出未来共产主义社会的某些基本特征:例如消灭城乡对立、体力劳动和脑力劳动的对立、自觉地运用经济规律、按需分配等等,从某种意义上说,这也是将来理想民生实现的基本特征,大大丰富了刚刚创立的共产主义学说。《德意志意识形态》的发表不仅标志着唯物史观的基本完成，也标志着马克思、恩格斯民生思想的初步形成。

（三）成熟阶段：从《哲学的贫困》到《共产党宣言》

从《哲学的贫困》到《共产党宣言》的发表，是马克思、恩格斯民生思想得到系统总结进而达到成熟的重要时期。马克思大力进行理论研究工作，着重从哲学理论的高度全面总结无产阶级运动的历史经验，并以此为基础详细论证了科学社会主义的基本思想；对理想民生实现的价值指向、解决之途均进行了全面系统的阐述。《共产党宣言》的问世，正式宣告了马克思主义的诞生，也集中代表了马克思在这个时期民生理论思考的最高成就，因而成为马克思、恩格斯民生思想走向成熟的标志。

1847年马克思为批判蒲鲁东而写的《哲学的贫困》一书，以及同年12月所作的《雇佣劳动与资本》的演说等，在他们的民生思想发展过程中占有重要地位。在这些著作中，马克思特别强调生产力在社会民生发展中的决定性作用；他还指出，作为生产力中最活跃、最革命的因素的生产力不仅包括生产工具，而且还包括劳动者本身。他明确指出，"最强大的一种生产力是革命阶级本身"，这就深刻说明了先进阶级在生产运动、发展民生、创造历史过程中的能动、主导作用。在《哲学的贫困》中，马克思在分析资产阶级和无产阶级经济利益根本对立的基础之上提出了无产阶级努力改善、发展民生的举措。马克思认为，无产阶级在争取改善物质生活条件的经济斗争时，也要发展政治斗争，推翻资产阶级的政治统治，对于无产阶级争取自身解放和解放全人类的斗争都具有决定性的意义；无产阶级在斗争中要组织起来，组成同盟，这是同企业主进行斗争的堡垒，它能够促使无产阶级在斗争中聚集和发展着未来战斗的一切要素，工人维护自己的同盟比维护工资更为重要；无产阶级争取解放的革命必备条件是在社会发展已达到的阶段上，既得的生产力同现存的社会制度不能再继续并存，并且无产阶级必须通过暴力革命的道路来夺取革命的胜利；无产阶级的解放，意味着新社会的建立，原来意义上的旧的资产阶级政权已不复存在，代替它的将是一个没有压迫和剥削、没有阶级和阶级对立的新的联合体。

在《共产党宣言》中，马克思和恩格斯通过运用他们在哲学、经济学、历史科学等领域获得的新思想、新观点,对资本主义社会中无产阶级运动的经验教训进行深刻总结,对人类社会尤其是资本主义社会进行系统研究,全面、细致地阐述了科学社会主义的基本原理,也使得民生思想更加趋向深刻性、现实性、系统性。在这部光辉巨著中,民生实现的必然性、民生实现的主体、民生实现的道路和策略等都得到了详细的阐述。马克思在阐述民生实现的必然性时指出,在资本主义社会中,生产力越发展,两极分化越厉害,无产阶级的队伍不断扩大,失业人口越来越多,阶级对立和人民的贫困不仅没有消除反而加深了。由于资本主义生产方式的内在矛盾,经济危机在周期性地发生着。所有这一切都表明,资本主义社会已经"文明过度","资产阶级的关系已经太狭窄了,再容纳不了它们本身所造成的财富了"。资本主义制度必将被适合新生产力发展的更高级的社会制度所取代。但资产阶级不会自动退出历史舞台,所以《共产党宣言》在宣判了资本主义死刑的同时,还着重指出了无产阶级是资产阶级的掘墓人,是民生实现的主体。马克思如是说:资产阶级在铸造了将自身置于万劫不复境地的武器的同时,还产生了使用这种武器的人——现代的工人,即无产者。无产者是大工业的产物，是真正的革命阶级，是未来的主人翁阶级。同时，无产阶级要实现民生发展、改善物质生活条件，就要"用暴力推翻资产阶级而建立自己的统治"。

（四）发展阶段：从《资本论》到马克思恩格斯晚年的著作

从社会关系与生产方式的视角审视民生问题，这是马克思在《资本论》发表以前研究民生问题的趋向，而在《资本论》中则把人与社会经济关系相统一作为审视民生问题的出发点。马克思认为，在资本主义经济关系中，劳动人民是以主体姿态出现在经济生活之中的"现实的人"。在资本主义制度下，劳动人民的生活是一种"非人性"的状况。因为当工人运用自己的"动物机能"——吃、喝、性行为等满足生理需要时，才感觉到自己是作为人存在的；而发挥"人的机能"即劳动时，那些简单重复式、机械式的工作只能让自己如动物一般。在《资本论》中，马克思还揭示了无产阶级遭受剥削压迫、民生困苦的根源。马克思指出，在资本主义社会中，无产阶级的存在和劳动正是资本主义剩余价值的来源，是资本增值的秘密所在。资产阶级为了获得尽可能多的剩余价值，他们对待工人就像对待机器那样，给工人饭吃，如同给锅炉加煤、给机器上油一样。一旦无产者对于资本价值增值的需要成为多余时，就被抛向街头。因此，只要资本主义雇佣劳动制度存在，无产阶级受剥削和压迫的地位就不能改变，生活贫困的现状就不能改变。在《资本论》中，马克思系统分析了资本主义生产方式的过去、现在、将来，深刻揭示了资本主义私有制向社会主义公有制过渡的客观必然性，为实现人的自由全面发展提供理论基础。同时，马克思还以此分析为依据，对未来理想社会的民生发展的经济特征作了科学的预测。他认为，未来社会民生发展首先体现在它的经济制度上——生产资料公有制，人们"用公共的生产资料进行劳动"。在生产资料公有制的基础上，形成消费资料的按劳动分配的形式，还形成了社会生产的有计划的形式。

在《哥达纲领批判》等著作中，晚年的马克思和恩格斯对民生思想进行了进一步的补充和完善。在《哥达纲领批判》中，马克思把共产主义社会划分为"共产主义社会第一阶段"与"共产主义社会高级阶段"。其中，第一阶段"不是在它自身基础上已经发展了的，恰好相反，是刚刚从资本主义社会中产生出来的，因此它在各方面，在经济、道德和精神方面都还带着它脱胎出来的那个旧社会的痕迹",还不具备充分实现民生发展的物质、精神条件;而在高级阶段是在它自身基础上发展起来的,是物质生产和文化的巨大增长,是彻底消灭了资本主义"痕迹"的,是在各个生活领域都实行了共产主义原则的社会。在这个阶段,也只有在这个阶段,每个人的自由全面发展才能变为现实,社会民生发展的理想目标才能最终实现。

反观马克思、恩格斯民生思想的形成进程,我们可以发现:马克思、恩格斯对民生的研究始终离不开"人",并经历了一个从抽象的人到现实的人、全面发展的人的过程;马克思、恩格斯民生思想是在唯物史观确立的过程中逐步形成和发展起来的,唯物史观是民生思想形成的重要前提;马克思、恩格斯民生思想具有鲜明的开放性、实践性,并能在实践中不断丰富发展。

二、马克思、恩格斯保障民生理论内容

在马克思、恩格斯的全部学说中,重视人的发展、关注人的生活、关心人的利益、关爱人的幸福是其重要议题之一。重视民生问题是马克思主义理论的重要内容之一。马克思主义

民生思想就是有关现实的个人的生计与生活、生存和发展的基本原理。马克思创立历史唯物主义的过程，正是他走向社会后的思想发展的历程，他从关注贫苦农民生存现状的民生现象问题，到关心"人"本身的民生本质，再到把握整个人类社会的民生问题的本质。

(一) 马克思、恩格斯关注人的生活

马克思、恩格斯十分关注人的生活，尤其是贫苦人民的现实生活。在担任《莱茵报》主编期间，马克思遇到莱茵省议会关于林木盗窃法的辩论。这次辩论源起于当时一桩法律争论，即当地一些贫苦农民由于生活所迫，在森林中采集野果，捡拾枯树枝。代表少数林木占有者私人利益的省议会，认为贫苦农民的行为是盗窃林木，应予以严厉惩处。马克思认为，在生存安全受到威胁的情况下，一个人采取主观不认同的行为解决受到的威胁，是可以理解的行为，如果这种行为被定性为违反法律和道德，那么一个人能够生存下来的形势就很严峻了，"如果法律把那种未必能叫作违反森林条例的行为称为盗窃林木，那么法律就是撒谎，而穷人就会成为法定谎言的牺牲品了"。恩格斯与马克思的观点一致，他告诉工人们："我愿意在你们的住宅中看到你们，观察你们的日常生活，同你们谈谈你们的状况和你们的疾苦，亲眼看看你们为反抗你们的压迫者的社会的和政治的统治而进行的斗争。"

马克思、恩格斯民生理论的重要来源是现实的工人的生存状况。马克思、恩格斯从理论上提出，任何个体的生存都是有条件的，而最基本的条件就是满足个体的饮食需求。马克思、恩格斯在《德意志意识形态》一书中，深刻阐明了人的生活本质，即一种生产生活。马克思、恩格斯明确指出："人们为了能够'创造历史'，必须能够生活。然而为了生活，首先就要以吃喝住穿以及其他一些东西为前提。因此人类的第一个历史活动就是生产满足这些需要的资料，即生产物质生活本身。"

辩证唯物主义和历史唯物主义是马克思主义理论的精髓，辩证唯物主义认为，事物是不断发展变化的，事物的发展变化又是有条件的，所以，虽然人们能够创造历史，但是人们首先要创造生存的历史；虽然人们能够进行生产，但是人们首先要生存。根据历史唯物主义观点，生产、生存和生活都是一个过程，三者密切联系、相互促进，生产为生存提供基本的物质资料，随着生产的不断发展、生产能力不断提高，人们的生存状态从物质资料的匮乏状态改变为充裕状态，物质资料满足了人们的生存需求，大大地促进了生产的发展。生存和生活是人们的不同存在状态，生存是生活的基础，生活是生存的进一步发展，生活状态的实现使人们的主观能动性得到极大的发挥，生产积极性得到进一步激发，推动人们向更高水平的生存状态发展。

（二）马克思、恩格斯关心人的利益

在马克思主义理论体系中，利益问题是人们从事生产和生活的原始驱动力。利益既是物质现象又是精神现象，作为精神现象的利益，是随着历史的发展不断改变着它的内涵和外延。列宁指出，利益是"人民生活中最敏感的神经"。毛泽东也阐述了马克思主义的利益原理："马克思列宁主义的基本原则，就是要使群众认识自己的利益，并且团结起来，为自己的利益而斗争。"利益问题一直是马克思主义理论关注的重点。

关注利益现象。对于利益现象的关注和研究，马克思从青年时代就开始了。马克思通过对利益现象的观察，经过深入的理论思考后指出，统治阶级与劳动人民的利益矛盾，贵族、市民与劳动人民的利益矛盾，随着矛盾的不断积累，最终将导致阶级利益的不可调和，劳动人民应该团结起来，为了实现自身的利益投入到对统治阶级的斗争中去，因为劳动人民与统治阶级的利益矛盾是不可调和的，所以只有经过漫长的斗争过程，才能实现劳动人民的利益需求。同样，恩格斯也十分关注现实利益问题。1942年11月，为了考察英国的社会经济状况，恩格斯亲自来到英国的曼彻斯特，经过实地考察，他发现了经济利益在社会生活中的重要作用，恩格斯将物质利益问题作为理论研究的重点，得出了物质利益导致阶级冲突的基本结论。

阐述利益实质。对现实生活中物质利益问题的接触和研究，促使马克思转向对现实经济关系的研究，促使他走上了唯物史观研究之路，从而最终形成了历史唯物主义的利益理论，找到了利益的本质及其历史作用的答案，找到了历史发展的真正动力。人类社会一切活动的动因是利益追求。马克思曾说："人们之所以奋斗去争取一切，是因为他们追求的是利益。"生产关系是利益的社会本质和社会基础。"每一个既定社会的各种经济关系都表现为利益。"生产关系具体表现为经济利益，只有从生产关系出发，才能说明利益的本质和历史作用。无产阶级的运动的宗旨是为绝大多数人谋利益。1848年发表的

《共产党宣言》中明确宣告："以往的一切运动均是为少数人谋利益的运动,而无产阶级的运动是绝大多数人的、为绝大多数人谋利益的独立的运动。"因此,"代表绝大多数人"、"为绝大多数人谋利益",成为一百多年来无产阶级运动的行动纲领。

(三)马克思、恩格斯关爱人的幸福

从古至今,世界各国的历史中,都出现了很多的思想、理论和学说,提出普世幸福的构想,更有大批仁人志士、广大民众为实现普遍幸福的社会理想,而付出艰苦卓绝的努力,取得了许多划时代的成就。

实现人类的普遍幸福。马克思从中学时代开始就高度关注人的幸福生活:"既然我们选择了最能为全人类工作的职业,那么,我们就不能让重担压倒,我们要为大家作出牺牲;正因为我们所享受的不是那些无聊、自私、低级的乐趣,我们的幸福是属于千百万普通人的,所以我们的事业默默地存在下去,并将会永远发挥作用,而面对我们的墓碑,高尚的人们将洒下热泪。""为大多数人带来幸福的人是最幸福的人"的坚定信念,使青年时代的马克思的立场最终倾向于关爱劳苦大众,同情社会贫困者，追求人类幸福，为此，才有后来的马克思"解放全人类"的伟大胸怀，满足人民的现实需求，也就实现了人民的普遍幸福。无情地批判宗教，正是马克思对民生幸福的现实性关切，他的一生，是为了实现全人类的普遍幸福而不断奋斗的征程。与其相同，恩格斯高度关注工人阶级的普遍幸福。恩格斯指出："在资本家的压榨下，英国工人是不会感到幸福的；在这种状况下，无论是个人或是整个阶级都像一部机器，根本不可能像人一样生活。所以，广大工人就要设法摆脱非人的状况，去争取做人的基本权利。"在发达的生产条件下，人们的劳动变成了主观上的需求和自我实现的手段，不再是被迫的体力和脑力行为。

实现人类普遍幸福的途径。马克思、恩格斯经过对人类普遍幸福的实现途径进行理论分析，认为消灭私有制、实行社会主义制度是必由之路。根据马克思、恩格斯的理论，消灭私有制是打破一个旧世界，旧世界打破以后的出路——实行社会主义制度，所以马克思、恩格斯既指出了实现人类普遍幸福的途径，也指明了实现人类普遍幸福的方向。消灭私有制是一个非常艰巨漫长的过程，马克思、恩格斯认为：无产阶级只有解放全人类，才能最终解放自己。"任何一种解放都是把人的世界和人的关系还给人自己。""只有对私有财产即人的自我异化的扬弃，才能实现共产主义。因而是通过人而对人的本质的真正占有；因此，它是人向自身、向社会的人的复归，这个过程是完全的、自觉的而且保留了以往发展的全部财富的。这是共产主义，这是人性的真正复归，是完成了的自然主义，等同于人道主义，它解决了人和自然界之间、人和人之间的矛盾，也真正解决了存在和本质、对象化和自我确证、自由和必然、个体和人类之间的斗争。"

马克思和恩格斯始终称"19世纪伟大的经济运动的目标"就是"人道目标"："废除私有制的主要结果有：旧式分工的瓦解，享受产业教育、自由变换工种、共同享受大家创造出来的福利，城乡融合，全体社会成员的才能得到全面施展。"这不正是每个人都盼望的幸福生活吗？马克思描绘了这种共产主义生活图景："撤销一切限制活动范围的禁锢，所有人根据自己的意愿可以在任何部门内发展，社会调节着整个生产过程，每个人可以随自己的兴趣做事，今天做一件事，明天做另一件事，你看永远不会是一成不变的，尽可以上午打猎，下午捕鱼，傍晚从事畜牧，晚饭后从事批判。"综上所述，马克思、恩格斯的民生思想内容丰富、意义深刻。满足"现实的人"的需要，这是马克思、恩格斯民生思想形成和发展的逻辑起点；将"人的自由全面发展"作为保障民生理论的终极目标；将"改变世界"作为保障民生理论的实现路径。

满足"现实的人"的需要：马克思、恩格斯民生思想的逻辑起点。马克思、恩格斯深切关注人的生存发展和人类的前途命运。在他们看来，解决民生问题的核心在于满足人的需要，促进人的自由发展，离开了人的发展也就无所谓民生的改善，更谈不上是社会的进步。人不仅是人类社会存在和发展的前提条件，也是人类社会发展和民生问题解决的终极目标。也就是说，在马克思、恩格斯民生思想中，他们最关心的是人的利益、人的生存和人的发展问题，把人的自由全面发展作为自己终身奋斗的最高价值目标，作为民生问题的彻底解决和社会发展进步的最高价值标准。因此，强调满足人的民生需要是马克思、恩格斯民生思想的逻辑起点和立足点，以人为本是马克思学说的主题。当然，他这里的"人"，不是费尔巴哈所指的"抽象的人"，而是"现实的人"。马克思曾说"我们的出发点是从事实际活动的人",恩格斯也强调,"必须将这些人作为在历史中行动的人去考察"。

1. 将"现实的人"作为保障民生理论的主体

人类社会的发展史,从某种意义上说就是人不断更好地满足自身生存与发展需要的历史。关注"现实的人"的民生需要,探索满足这些需要的各种有效途径,是马克思、恩格斯从事理论研究与实践行动的真正目的。在马克思、恩格斯的著作中,曾多次提到人的民生需要,所构建的民生需要理论是马克思、恩格斯制定劳动价值理论、异化理论、剩余价值理论的重要基础。

民生需要理论的提出。马克思对民生需要问题的关注,是与利益联系在一起的。马克思任《莱茵报》编辑期间,遇到了现实生活中的物质利益问题,他提出了一个十分著名的命题:"人们奋斗所争取的一切,都同他们的利益有关。"在《〈黑格尔法哲学批判〉导言》中,当谈到德国的状况时马克思指出:"市民社会任何一个阶级,如果不是它的直接地位、物质需要、自己锁链强迫它,它一直也不会感到普遍解放的需要和自己实现普遍解放的能力。"在这里,马克思实际上已经提出了物质需要这一概念，并且首次将民生需要同人们的社会生活联系起来进行统一考察。在《1844年经济学哲学手稿》中，马克思指出：在现实生活中，个人的需要是多种多样的，如"肉体的需要"、"交往的需要"、"文明的需要"等等。在《政治经济学批判大纲》中马克思进一步完善了民生需要理论：首先，提出了必要需要概念，并把必要需要与必要劳动联系起来进行考察；其次，对社会需要的内涵进行了界说。他们认为在商品社会中，人们的生产是一种互为对方进行的生产，这样也就必然形成"普遍的社会物质交换，全面的关系，多方面的需求以及全面的能力体系"。再次，提出需要总量是使用价值的尺度。在《德意志意识形态》中，马克思将"现实的人的民生需要"作为唯物史观的逻辑起点，进一步完善了民生需要层次理论。一般说来，马克思民生需要理论有三个重要的观点值得特别关注，即民生需要是人的本质，民生需要具有社会性，同时又产生人的社会关系，生产与需要的矛盾运动推动社会发展。

民生需要本质的界定。民生需要作为马克思主义的一个重要范畴，是人对其所依赖的物质生活资料和精神生活条件的自觉能动地反映。马克思、恩格斯对需要的这一定义鲜明标示了"现实的人"的需要实质，既强调了需要内容的客观性，又强调了需要的主观能动性。具体说来，第一，人所直接依赖的物质生活资料、精神生活条件是"现实的人"的民生需要的客观基础。人的存在和发展，依赖于地理环境提供的物质、能量、信息要素并与之进行交换，这种依赖具有广泛的内容、复杂的关系，不仅包括自然物质生活条件，也包含各种人化自然即社会物质生活条件和精神生活条件。第二，"现实的人"的民生需要是对其所依赖的物质生活条件和精神生活条件及其辩证关系的有意识的、能动的反映。现实的人作为有意识、能动的存在物，有着十分复杂、丰富的个体差异性。因此，具体的个人对客观外部世界的反映程度也是千差万别的。即使是周围环境具有大体一致性，但每一个具体的个人的需要在内容和层次上也是各有千秋。同时，现实的人的需要是需要主体对需要对象的能动的明确指向。"饥饿是自然的需要；因而为了使自己得到满足、得到温饱，他需要在他之外的自然界、在他之外的对象。"这说明现实的人的需要都是明确指向物质的或精神的需要客体。

民生需要的体系。马克思、恩格斯并没有系统论述过民生需要的体系，只是他们在讨论经济学、哲学、科学社会主义等相关问题时，涉及了民生需要的体系问题，如马克思在《1857—1858年经济学手稿》中曾指出："关于需要体系和劳动体系这些问题应当放在什么地方讨论？在研究的过程中就会知道。"而且，"新生产部门的这些创造，……是发展各种劳动即各种生产的一个不断扩大和日益广泛的体系，与之相适应的是需要的一个不断扩大和日益丰富的体系"。在这里，马克思提出了这样一个观点，即民生需要是一个随生产活动不断扩大、丰富的开放性体系。恩格斯更是鲜明地指出了民生需要所具有的层次性。他说："通过有计划地利用和进一步发展现有的巨大生产力，在人人都必须参加劳动的条件下，生活资料、享受资料、发展和表现一切体力和智力所需的资料，都将同等地、愈益充分地交归社会全体成员支配。"在此基础上，恩格斯分析了生存资料、享受资料、发展资料对"现实的人"的民生需求作用不同，并把"现实的人"的民生需要分为三个层次：生存需要、享受需要、发展需要。

生存需要是处于最低层次的自然生理需要，也是最基本的民生需要。这类需要是指对维持最低生命需要的衣食住行等生活必需资料的需要，这是维持人作为生命个体得以生存的直接条件。在他们看来，民生问题的首要前提生存需要是和人的本性联系在一起的。马克思还特别强调这一基本需要对"现实的人"的重要性，并且这无论是对过去的、现在的、将来的人类都是如此。由于生存需要处于这样一个基础性的作用，所以马克思又把它称作"必要需要"。早在《1857—1858年经济学手稿》中，马克思就指出："必要的需要就是本身归结为自然主体的那种个人的需要。"这类需要作为民生需要并不是僵死的、纯自然的、固定不变的，它也是"随着一定的文化而发生变化的自然需要"。同时，这类需要虽然与一般动物的需要有共通性，但又不同于一般动物的需要。"动物所做到的最多是收集，而人则从事生产，人制造最广义的生活资料，这是自然界离开了人便不能生产出来的。"因此，不能把动物社会的生活规律直接搬到人类社会中来。人当然要为生存而斗争，但人类进行的斗争所要获取的对象已不再是单纯地局限于生存资料的范围，而是突破了原有的局限朝着享受资料和发展资料进行。

享受需要是在"现实的人"的民生基本需要即生存需要得到满足、社会生产力逐渐提高的情况下衍生而来的，人们不再满足于基本的民生需要，而转向了生活质量提高、生存条件优化的民生需求。马克思就曾说过："最初，大自然的赐予是丰富的，或者说，顶多只要去占有它们就行了。……需求本身也只是随着生产力一起发展起来的。"也就是说，"生产本身就创造需要"。生产力的发展是"现实的人"的民生需求无限发展的基础，从而也决定了"现实的人"的民生需要的多样性、丰富性，也奠定了人的全面自由发展的基础。从这个意义上说，追求幸福、追求享受是"现实的人"的一种基本的民生需要。正当的、合理的享受是优化自身生活、促进全面发展的民生需要，亦是社会生活文明进步的表现。恩格斯于1875年致彼·拉·拉普罗夫的一封信中肯定了这一说法："人不仅为生存而斗争，而且为享受，为增加自己的享受而斗争。"这类需要一般体现在两个方面：一是与生存需要直接相联系的享受需求。衣、食、住是基本的民生需求，而这个需求会随着物质生活水平的逐步提高而一步步提高。墨子说过："食必常饱，然后求美；衣必常暖，然后求丽；居必常安，然后求乐。"二是与生存需要没有直接联系的需求。奢侈需求即是此种类型，它是相对于生存需要而言的，是超过生存需要的需求。奢侈需要是相对的，在不同的历史条件下，在不同的国家和地区也是不同的、变化的。生存需要与奢侈需要是可以相互转化的，由于生产的发展，必然会有一些奢侈消费品成为必需消费品。从历史的角度看，这种转化的过程亦是社会进步的标志。

发展需要是民生需要的第三个层次，也是最高级的形式，表现为"现实的人"追求自身的自由全面发展的内在需求，而各种需求的满足即是自由全面发展的实现。这类需要主要表现为"现实的人"在精神领域内自由发展的需要，以及物质领域内自由从事劳动的需要，并且此类需要随着社会生产力的逐步发展而显得越来越重要，逐步成为民生需要的最主要的组成部分。在将来，"现实的人"在考虑从事什么职业以及怎样从事职业时，最关心的关键点不是物质利益，而是自身素质的完善、自身能力的提升、自身发展的实现，也就是充分"发展和表现一切体力和智力"，"不受肉体需要的影响也进行生产"。因为生产的直接目的不再是为资本家创造财富，不再是迫于生存需要进行的强制劳动，而是成为"现实的人"发展的一种内在必然性要求,成为"自由和幸福"的活动,从而使"人类的全部力量的全面发展成为目的本身"。

2.将"人的自由全面发展"作为保障民生理论的终极目标

马克思、恩格斯深切关注人的发展、全人类的前途和命运,把人的自由全面发展作为衡量社会发展和解决民生问题的最高价值标准。资本主义生产方式的固有矛盾是追求人的自由全面发展的经济根源。资本主义生产方式内在的、固有的矛盾已深刻指明民生困境持续的缘由及其终将走向终结的历史命运。资本主义生产方式的确立是建立在剥夺小生产的基础上的,它的迅速发展从资本的积累中获得了巨大的力量。而资本积累的持续发展必然导致资本家之间展开激烈的争夺与竞争,与此同时在一定程度上又进一步加剧了资本的集中。当资本集中到少数资本巨头的手中时,更大规模的扩大再生产得以实现,生产社会化的程度进一步加深。此外,随着资本的集中,劳动协作形式的规模也不断扩大并日益发展,土地的开发利用日益变得有计划性,劳动资料不再是局限于小范围的共同使用,资本主义制度日益具有国际的性质。这一切表明,资本主义生产的日益社会化乃是不可遏止的历史趋势。但现实中的情形是生产资料在资本集中的作用下全部掌握在数量极少的资本寡头手里，资本的本性又决定了资产阶级总会绞尽脑汁地、最大限度地去获取由劳动者创造的剩余价值，在市场竞争日趋激烈的情况下一味地努力扩大再生产，结果只会使整个社会生产处于无政府状态；与此同时，在相对过剩人口规律的影响下无产阶级对资本的依赖程度进一步加深，致使无产阶级生活贫困化的程度进一步加剧。这样势必引起资本主义周期性的生产过剩危机，使生产力遭到严重破坏，激起无产阶级的激烈反抗。这一切都深刻地证明："资本的垄断成了与这种垄断一起并在这种垄断之下繁盛起来的生产方式的栓结。生产资料的集中和劳动的社会化，达到了同它们的资本主义外壳不能相容的地步。这个外壳就要爆炸了。资本主义私有制的丧钟就要敲响了。剥夺者就要被剥夺了。"很显然，由资本主义生产方式固有矛盾必然引发的阶级斗争根源于生产资料私有制，根源于人们在社会的经济结构中地位的不平等，只有彻底铲除资产阶级及其私有制，无产阶级才能获得自己的自由，进而实现全人类的自由。

资本主义的剥削压迫为追求人的自由全面发展提供了合法

性依据。在资本主义制度下,资产阶级占有了全部的生产对象和生产资料,无产阶级除了自身的劳动力以外一无所有,所谓的民生权利更是一种奢望。在这种制度中,阶级剥削和压迫呈现常态化,资产阶级用直接公开的、厚颜无耻的、极其露骨的剥削代替了那种蒙着宗教幻想和政治幻想的面纱而显得含情脉脉的剥削。资产阶级虽然也谈生存生活是人的基本权利,但这只是他们剥削压迫无产阶级的遮羞布。在此种境遇中,只有无产阶级在找到各种相关工作的时候才有机会保持生存,而且也只有当他们的劳动使资本发生增值的时候才能找到工作。"他们并不是随着工业的进步而上升,而是越来越降到本阶级的生存条件以下。工人变成赤贫者,贫困比人口和财富增长得还要快。"可见,在资本主义制度下,无产阶级过着非人的生活,阶级剥削和压迫最为深重。尽管资本主义社会取代封建社会带来了人类历史的飞跃性进步,但它没有改变私有制社会的剥削本性。所以,只有消灭资本主义私有制,建立起消灭一切阶级、确保人人得以自由发展的联合体——共产主义社会,才能最终克服资本主义条件下劳动的异化和人的异化,使无产阶级彻底摆脱受剥削、受压迫的地位,实现无产阶级和全人类的解放。

无产阶级的社会革命是追求人的自由全面发展的根本途径。共产主义的实现是多种要素发展的必然结果。其条件在于生产力的巨大增长和高度发展，其道路在于无产阶级进行的社会革命，"首先夺取政权"，推翻资产阶级，建立自己的统治，进而消灭私有制，消灭阶级，实现共产主义。恩格斯不止一次地指出：人类社会自原始公社解体以来，处于相互对抗地位的剥削者和被剥削者、压迫者和被压迫者之间，始终进行着不断的、有时公开有时隐蔽的斗争。"而这个斗争现在已经达到这样一个阶段，即被剥削被压迫的阶级（无产阶级），如果不同时使整个社会永远摆脱剥削、斗争，就再不能使自己从剥削它压迫它的那个阶级（资产阶级）下解放出来。"无产阶级通过发动革命、领导革命，并不失时机地把革命推向前进，建立起无产阶级专政，在此基础上，将利用自己在政治上的统治地位，直至夺取政权"一步一步地"夺取资产阶级的全部财产，彻底消灭生产资料私有制和剥削制度，把一切劳动资料集中在无产阶级手里，并尽可能快地增加生产力的总量，从而消灭整个旧的社会形态和一切阶级统治，经过社会制度的根本变革以及较长一段时期的社会主义建设阶段，逐步向具备人的自由全面发展条件的共产主义社会过渡。共产主义社会能够为人的自由全面发展提供条件。资本主义根本就不能解决民生发展的价值目标问题，只有不断创造条件实现共产主义，才是真正解决民生问题的发展方向，也只有在共产主义社会中才能为人的自由全面发展提供条件。

人的自由全面发展的内涵解析。"人的自由全面发展"的内涵实际上包括两个重点，一是其中的主体"人"，二是"自由、全面"的要求。并且从马克思的本真原意来看，我们认为："人的自由全面发展"应包含人的素质的全面发展、能力的和谐发展、关系的协调发展、个性的自由发展等四个层次。"人的自由全面发展"首先是指人的素质的全面发展，其中最重要的是思想道德素质的发展。人的素质的全面发展，主要表现为以下几个方面：体力与智力的协调发展、社会素质的全面发展（如政治素质、思想道德素质、科学文化素质等）、能力素质的全面发展。"人的自由全面发展"也指人的能力的和谐发展。人的能力的发展是指在人与外部自然界进行物质、能量、信息等交换过程中从自身所开发出来的多种力量的总和，包括实践能力、认识能力、审美能力等等。同时，人的各种力量、能力也应获得协调发展、和谐发展，强调它们之间的关系协调。"人的自由全面发展"还指人的关系的协调发展。"在未来社会，由于人与人之间、人与社会之间取得了广泛而普遍的联系，人的本质力量不仅体现在血缘关系、物质利益关系或金钱关系上，而且体现在政治法律关系、道德伦理关系、思想文化关系等全方位的社会关系上，那时，人的全面发展就会变得异常丰富而多彩。""人的自由全面发展"包含人的个性自由发展。在此种意义上，强调人的各种基本素质和其内部各要素以及要素因子在重新排列、有机组合上应努力建构起个人的独特性，也就是说，假设两个人所具有的基本素质因素是相同的，但如果这些因素成分具有不同的排列组合，那么他们的素质也就会呈现出不同的结构，从而也就表现出不同的个性和特长。正因为如此，马克思特别强调"个人独创的和自由的发展"，极力提倡人的"自由个性"。

人的自由全面发展的实现条件。民生发展的最高价值目标——人的自由全面发展的实现是需要一定条件的。人的自由全面发展需要与社会生产力、经济、文化等各方面相互协调、逐步提高才能实现。因此，人的自由全面发展的实现条件指的是与一定生产力发展水平相适应的物质生活条件、社会制度条件以及精神文化条件。

人的世界历史性交往的实现。"现实的人"总是处在一定社会交往中的人。人的全面发展不可能脱离社会交往而孤立地进行，相反，是与社会交往、群体的发展紧密结合的发展过程。在社会实践的发展过程中，社会交往成为人的需要、能力发展的源泉，成为人的自由和全面发展的重要条件与根基。同时，交往使得人的发展表现为一个动态过程。一方面，交往性质的变化使得人的发展由不自由变为自由。在共产主义"自由人联合体"那里，社会关系不再是异己的力量，而是建立在人的共同控制之下，人们将在自由、丰富、全面的社会关系中获得全面的发展，成为具有自由个性的人；另一方面，交往范围的变化使得人的发展由片面走向全面。马克思认为，一个人的全部特性"决定于世界交往的发展，决定于他和他所生活的地区在这种交往中所处的地位"。因此，每个人只有成为"世界历史性的"人，实现其世界历史性的交往，才有可能成为自由全面发展的人。

文化教育的发展。马克思认为，人的自由全面发展还有赖于一定的教育和训练，也只有如此，才能使人掌握一定劳动技能和技巧，成为娴熟的劳动者。马克思在《资本论》中曾说到，萌发于现行工厂制度中的未来教育的组织实施，不仅有利于提高社会生产的水平与规模，而且还是造就全面发展的人的唯一方法。他还说："生产劳动和智育的早期结合是改造现代社会的最强有力的手段之一。"但在资本主义社会中，"资产者唯恐其灭亡的那种教育，对绝大多数人来说不过是把人训练成机器罢了"。也就是说，资本主义教育只能把人训练成会说话的工具，这种教育充其量只能叫训练、异化，它违背了教育的宗旨——人的全面发展，导致了人的发展片面和扭曲。也只有在共产主义社会，文化教育获得极大发展，"人终于成为自己的社会结合的主人，从而也就成为自然界的主人，成为自己本身的主人——自由的人"。

3. 将"改变世界"作为保障民生理论的实现途径

彻底的实践精神是以革命性的"改变世界"为己任的马克思主义的基本品格。实现人的自由全面发展、建构"自由人联合体"这一民生发展追求的最高价值目标当然离不开革命性的实践。尤其是在资本主义社会，基本矛盾的存在与发展导致社会民生异化，理想民生实现条件严重不足，从而困扰着民生的改善与发展。由此，马克思、恩格斯深入批判了资本主义社会民生异化，指出无产阶级作为资本主义的掘墓人及其未来社会主人翁阶级，要对资本主义社会生产关系进行根本革新，彻底否定资本主义保障体系的伪善性与"机器式"教育，建立与资本主义分配关系具有本质不同的公平分配体系。只有如此革命地"改变世界"，才能在"批判旧世界中发现新世界"，才能极大促进社会生产力的发展，才能为理想民生的实现提供制度前提、安全保证、文化条件和关键环节。

生产力的发展是解决民生、改善民生问题的重要物质基础。只有不断促进生产力发展，促进社会物质财富的持续增长，使可供分配的物质财富不断增加，才能使社会摆脱不发达状态，才能为改善民生、促进和谐创造经济条件，才能使人在满足基本生存需要的基础上追求自由、全面发展。如果人们连最基本的衣食住行这些物质生活资料都得不到充足供应的话，要想获得解放那只是一个幻想，是根本不可能实现的。

生产力对于解决民生问题的首要性。马克思曾说，"任何一个民族，如果停止劳动，不用说一年，就是几个星期，也要灭亡，这是每一个小孩都知道的"，这是一个简单的事实，一个起码的真理。发现并承认这一真理，是历史观上的一个伟大的革命，从而也从正面肯定了生产力的发展对解决民生问题的首要性。

　　唯物史观认为，物质生产是人类社会存在和发展的前提。物质生产的极大发展能够使生产劳动摆脱谋生性，而完全成为自由自觉的活动。到那时，生产劳动已与个人的生活消费之间没有直接的因果关系，劳动者不再为了维持生存而劳作，而是为自己、为社会的自由自觉的劳动，这样一种状态的生产劳动已不再是以往的奴役人的手段，而是成为促进人的发展、实现人的解放的手段。因此，此时的生产劳动就成为人们生活中的一种快乐之事，而不是人们的负担。当然，说劳动是一种快乐，并不是说劳动仅是一种娱乐、消遣。真正自由的劳动，也是非常严肃、极其紧张的事情，它为每一个人提供了全面发展和表现自己全部能力的机会。也就是说，在共产主义制度下劳动将成为生活的第一需要。当然，我们也要看到，生产力的发展其实是一个连续的不间断的过程。从客观上看，民生改善与发展实际上是一个生产力不断发展进步的历史过程。因此，民生的改善和真正的人的自由全面发展亦是一个连续的不间断的过程。再者，人的自由全面发展是无止境的，民生的改善也是无止境的，每一特定时代的人的民生只能达到该特定时代生产力发展确定的水平。

生产力发展为民生实现提供了充裕的物质资料与自由时间。一方面，生产力的充分发展，社会财富的不断积累和增加，能够给人们创造丰富的物质生活资料，解决人的生存问题，而且为人们在基本的生存需要得到满足的条件下追求自由、全面发展提供了物质前提和可能性。马克思曾说："通过社会生产，不仅可以保证一切社会成员有富足的和一天比一天充裕的物质生活，而且还可能保证他们的体力和智力得到充分的自由的发展和运用。"可以说，生产力发展的意义不仅在于能够为民生提供丰富的物质资料，还在于生产力发展本身是自然和历史赋予人的各种潜能的发挥，体现了人的生存状态与发展趋势。另一方面，生产力的充分发展也为人的自由全面发展提供了自由时间。从时间要素角度看，马克思认为"现实的人"的生命活动由劳动时间和自由时间构成。长期以来，两者的比例是劳动时间远大于自由时间，是处于第一位的时间要素。而随着生产力的高度发展,单个工作日中必要劳动时间所占比例将越来越小,那么由社会每个成员自由支配的时间也就相应地越来越多。相对于个人发展来说,自由时间就是个人根据自身状况可以随意支配的时间,是每一个社会成员自由发展个性的必要条件。自由时间可以"用于发展不追求任何直接实践目的的人的能力和社会的潜力"。自由时间就是"个人受教育的时间,发展智力的时间,履行社会职能的时间,进行社交活动的时间,自由运用体力和智力的时间,甚至于星期日的休息时间。"在自由时间里,个人才能获得学习和发展的机会,才能在艺术、科学、文化等领域发挥自己的能力和潜能,才能扩大人们的社会交往和社会关系,丰富人们的自由个性。同时,在这个自由时间里获得全面发展的个人又可以以生产力的形式直接反作用于社会,为人的全面发展创造更广阔的天地。自由时间是人的本性和本质需求发展的必要因素,是人的自由发展的必要前提条件,倘若舍弃自由时间和对自由时间的追求,人的自由发展将永远停留在现实世界的彼岸。

尽管生产力的发展是解决民生问题的前提条件,但马克思、恩格斯从不把民生问题的解决全部寄托于生产力的发展。

马克思说："社会关系实际上决定着一个人能够发展到什么程度。"因此，民生问题的解决还有赖于完善的生产关系和社会关系。生产关系是解决民生问题的必要条件。民生的改善，既离不开高度发达的生产力作为前提基础，又离不开合理进步的生产关系。高度发达的生产力和大量的物质财富，只是为改善、提高人民群众的物质文化生活水平、为人民群众获得实际的物质利益提供了可能，但这种可能会在多大程度上成为现实，并不是取决于自身，而是取决于生产关系的性质。因此，生产关系是解决民生问题的必要条件。

资本主义生产关系取代封建生产关系是一大历史进步，在很大程度上促进了生产力的发展，创造了丰富的物质财富。但由于其剥削本性并没有发生实质性的改变，仍然是一种剥削形式代替另一种剥削形式，因此，随着资本主义社会生产力的发展，社会上的现实是资产阶级物质财富大量积累的同时，无产阶级的贫困也在不断持续积累。资本主义社会成为富人的乐园，对于无产阶级及其广大的劳动群众，只是血泪斑斑的苦难深渊。在资本主义社会生产资料私有制这一生产关系下，资本主义社会的基本矛盾——生产社会化和资本主义私人占有之间的矛盾也会变得越来越尖锐，最终会成为生产力的阻碍。"因此，要解决人的生存和发展问题，必须在生产力发展的基础上，不断发展和完善生产关系，使生产关系适合生产力发展状况，达到生产力和生产关系的和谐统一。"

社会解放带来生产关系变革为民生发展扫清制度障碍。针对"政治解放"的历史作用，以及政治解放对民生实现的局限，马克思作了辨证分析，他认为：一方面，从社会发展来看，政治解放当然是一个进步，对于改善人们的民生条件做出了一定的贡献；另一方面，从人的自由全面发展的目标而言，"政治解放本身还不是人类解放"，对理想民生的实现具有很大的局限。"政治解放本质上是资产阶级革命，是西欧和北美国家率先通过一系列革命斗争和政治改革，实现国家从封建等级专制制度和宗教神权统治下解放出来的一次伟大社会变革，其标志是建立现代民主制度，实现国家与宗教的分离，即真正的国家不需要宗教从政治上补充自己。"它所初步建立的以自由、民主、平等为人权理念的国家把人从封建专制制度以及宗教的束缚中解放出来，人们的物质生活条件得到一定程度的改善，人的尊严和价值得到一定程度的彰显，人的自主性得到一定程度的尊重，人权或本属于人的民生权利得以归还于人。从这个意义上说，"政治解放当然是一大进步；尽管它不是一般人的解放的最后形式，但在迄今为止的世界制度内，它是人的解放的最后形式"。但政治解放有其不可忽略的历史局限性，它所建立起来的现代民主国家是资产阶级享有的，所宣扬的自由、民主等人权只是资产阶级人权，虽然国家宣布每个人不分出身、等级、文化程度、职业等非政治的差别，都是人民主权的平等参加者，但这是形式上的平等，实际上的不平等仍然存在。资产阶级国家不仅没有消除这些实际上的不平等，而是以它作为自己的存在条件，其维护的是市民社会的私有制原则和人权。资产阶级国家打着公共利益这一"外衣的虚幻共同体"的旗号，到处以各种手段、最大限度地剥削、压迫劳动人民，以获取尽可能多的剩余价值，而置社会全体成员普遍民生利益于不顾。

可见，政治解放并没有让人们过上自由发展独立个性的生活。"在政治国家真正形成的地方，人不仅在思想中、在意识中，而且在现实中、在生活中，都过着双重的生活——天国的生活和尘世的生活。"社会解放带来生产关系变革，为民生实现提供条件。在《论犹太人问题》中,马克思早已看到了政治解放对于解决民生、发展民生问题的局限性,而且分析了根本原因在于这个国家的前提即私有制的必然产物。与此相对立,马克思提出了人类解放的问题。并指出人类解放、人的自由全面发展,是把彻底改造社会、消灭私有制、建立公有制作为社会的普遍原则。同时,马克思也意识到人类解放是一种历史活动,不是思想活动,"是由历史的关系,是由工业状况、商业状况、农业状况、交往状况促成的"。因此,人类解放的实现也就不是一蹴而就的,它有一个从政治解放到社会解放,再到人类解放的发展过程,其中社会解放是中间的一个必经环节。

第二节 列宁保障民生理论

民生问题是人类社会生存和发展的基本问题。俄国十月革命胜利后,列宁在领导苏维埃进行社会主义建设的实践中,根据不同历史时期国家建设的形势,对改善人的生存与发展这一民生问题进行了艰苦的理论探索和实践努力。其社会主义民生思想不仅继承了马克思主义民生理论,而且结合俄国具体国情，使这一理论得到深化和发展。

一、保障和改善民生是布尔什维克的基本职责，关系到无产阶级政权的巩固

列宁认为民生是人民群众利益最直接、最现实的表达，关注民生、着力保障和改善民生是所有共产党的本质要求和基本责任。在布尔什维克建党初期，他就敏锐地分析了俄国经济社会发展将对工农阶级民生产生的重大影响，并指出随着俄国资本主义发展，大量小手工业者和农民相继破产，变成一无所有的工人，再加上受残留封建农奴制盘剥，广大工农的民生状况不断恶化，"因为大批从乡村流落出来的饥民使工资降低了，然而食品和生活用品却越来越贵，因此工资即使有了提高，工人得到的生活资料也日益减少，谋生越来越困难了"。基于此种困难局面，列宁建议在制定党纲时，"必须把'贫困、压迫、奴役、屈辱、剥削的程度不断加深'这句话加到纲领中去"，并且在党纲中要鲜明体现工农阶层的民生诉求，比如：以法律限定一昼夜工作时间为8小时；以法律禁止夜工和夜班；以法律规定，厂主有供给学校

经费、给工人以医疗帮助的义务；废除赎金；把1861年从农民手中割去的土地归还农民。正是社会民主党的这一纲领，赢得了人民群众的广泛支持，最终取得了十月革命的胜利。革命胜利后，面对党历史方位的重大转变，列宁更加强调，作为执政党的布尔什维克，不仅要关切民生，更要采取行之有效的政策措施来改善民生，他指出，"我们没有权利不去立即改善工农的生活状况，因为在我国经济破坏的情况下这是必要的"。在党的第七次代表大会上，他建议"必须把改善工农生活状况的问题单独提出来，以便密切注意这方面所取得的成绩"。在俄共（布）第十次代表大会上，他又极力要求"立即采取一系列的措施，竭力改善工人的生活状况，减轻他们的困苦"。为此，代表大会专门起草并通过了《关于改善工人和贫苦农民的生活状况的决议草案》。列宁之所以特别强调执政的共产党要不断改善民生，是因为他发现民生与政权之间具有不可分割的内在联系，即政权巩固关键在于民心，而获取民心的关键又在于民生。他分析认为资产阶级临时政府很快被推翻，究其根源是忽视民生，"用各种口实拖延土地问题的解决，从而使国家陷于经济破坏，激起了农民的起义"。他告诫指出：无产阶级政权巩固与否的关键在于民生的改善状况，这是一个关系党生死存亡的核心问题，"如果我们不能使工人们活下去，不能供给他们粮食，不能准备好大量食盐来正常地组织商品交换，而是给农民花花绿绿的票子作为补偿（靠票子是不能长久维持的），那么，不管我们……怎样忘我牺牲，都救不了我们自己。这是整个工农政权、苏维埃俄国生死存亡的问题"。列宁的这一解答，对于我们党正确体认民生的重要地位、价值和作用，始终牢记和践行全心全意为人民服务的根本宗旨，着力保障和改善民生，具有十分重要的指导意义。

二、民生的内涵是解决群众吃穿住用等基本生活问题

由于俄国没有经过资本主义充分发展，总体上生产力水平比较低，再加上"战争和资产阶级统治……遗留给我们的极其严重的经济破坏、失业和饥荒，——这一切所造成的上述客观形势"，列宁认为俄国现在最大的民生是人民群众的温饱问题。他反复强调："现在我们主要的政治应当是：

从事国家的经济建设，收获更多的粮食，开采更多的煤炭，解决更恰当地利用这些粮食和煤炭的问题，消除饥荒，这就是我们的政治。"于是，他适时提出并采取以改善民生为核心的新经济政策，在农村用固定粮食税代替余粮收集制，因为"适量的粮食税能使农民的境况立刻得到很大改善，同时能使农民从扩大播种面积和改进耕作中得到好处"。同时，为发展生产，繁荣经济，彻底解决人民群众衣食住行难题，他主张实行战略退却，采取租让政策，大力发展国家资本主义，允许自由贸易，充分利用市场、商品、货币关系等一切有利条件改善民生。对于有些人在新经济政策上产生的困惑，他解释道：只要能立即改善人民群众的生活状况，并从根本上解决温饱问题，这种牺牲是不可避免的，也是值得的，不仅不会使我们灭亡，反而会使我们的政权更加强大和稳固。列宁的这一解答，对于我们坚持从本国民生实际出发，把马克思主义民生理论与中国民生实际有机结合起来，开辟并坚持一条具有中国特色社会主义的民生发展之路，具有深远的启示意义。

三、保障和改善民生成为测评和考核领导干部的重要指标

革命胜利后,根据列宁的说法,进入了"日常生活的社会主义",日常生活的社会主义最紧迫最主要的任务是探索怎样建设社会主义,完成这一艰巨任务客观上需要一大批忠诚于社会主义事业且德才兼备的干部来进行领导,如何对领导干部进行考核和选拔成了一个核心问题。在列宁看来,对领导干部的选拔和政绩考核,参考的主要指标是他在执政期间对人民群众民生的改善状况,应该优先选拔那些在改善民生方面取得突出成绩的人来管理国家,他指出:"看哪一个公社,大城市的哪一个街区,哪一个工厂,哪一个村子,没有挨饿的人,没有失业的人,没有有钱的懒汉,没有资产阶级奴才中的恶棍和自称为知识分子的怠工分子;看哪里为提高劳动生产率做的事情最多;看哪里在为穷人建造新的好的住宅、安置穷人住进富人的住宅、按时供给穷人家小孩每人一瓶牛奶等方面做的事情最多;……正是应当通过这些工作让有组织才能的人在实践中脱颖而出,并且把他们提拔上来,参加全国的管理工作。"列宁

的这一解答，对于我们树立并践行包括民生在内的科学政绩观，准确考核和选拔出党和国家急需的领导人才，具有重要的参考价值。

四、民生的本质是人民群众的根本利益问题

正如马克思所说："人们奋斗所争取的一切，都同他们的利益有关。"民生问题从本质上讲乃是利益问题。列宁在领导民生建设过程中始终遵循这一原则，认为改善民生就是去尊重和维护人民群众的根本利益，只有这样做才能得到人民群众的支持，从而有效地解决各种民生问题。"最主要的是使被压迫的劳动者相信自己的力量，通过实践让他们看到，他们能够而且应该亲自动手来合理地有秩序有组织地分配各种食品、衣物、住宅等，使这种分配符合贫民的利益。不这样，就不能把俄国从崩溃和灭亡中拯救出来。"同时，他还指出改善民生需要统筹协调好国家利益、集体利益与个人利益之间的关系，并特别强调注意结合个人利益，因为这样能激发人民群众的革命热情和主观能动性，为改善民生提供持续动力。到晚年时，列宁之所以高度评价合作社的作用，是"因为现在我们发现了私

人利益即私人买卖的利益与国家对这种利益的检查监督相结合的合适程度，发现了私人利益服从共同利益的合适程度，而这是过去许许多多社会主义者碰到的绊脚石"。他认为这恰恰抓住了如何建设社会主义，发展社会主义民生的本质，就是要把国家利益、集体利益与个人利益有机地结合起来。列宁的这一解答，对于我们抓住民生问题的本质，正确运用民生政策措施，统筹协调好国家利益、集体利益与个人利益之间的关系，充分尊重和保障个人民生权益，避免人民群众利益被泛化和抽象化，具有重要的借鉴意义。

五、社会主义民生的终极目标是实现人的解放和自由全面发展

实现人的解放和自由全面发展是马克思主义的主旨和核心，也是社会主义的根本价值取向。列宁在领导民生建设过程中，一直强调这一价值取向，并把社会主义民生发展作为实现这一价值追求的基本前提和重要条件。首先，他指出只有在社会主义条件下，劳动者才能得到解放，才能真正感觉到自己像人，"每个赶走了资本家或者至少是用真正的工人监督制服了

资本家的工厂，每个赶跑了地主剥削者并且剥夺了他们土地的农村，现在而且只有现在才成了劳动者可以大显身手的场所，在这里劳动者可以稍微直一点腰，可以挺起胸来，可以感到自己是人了"。其次，他认为只有通过社会革命，建立社会主义制度，发展社会主义民生，工人阶级及其整个人类才能彻底解放，真正实现人的自由全面发展，"工人阶级要获得真正的解放，必须进行资本主义全部发展所准备起来的社会革命，即消灭生产资料私有制，把它们变为公有财产，组织由整个社会承担的社会主义的产品生产代替资本主义商品生产，以保证社会全体成员的充分福利和自由的全面发展"。列宁的这一解答，对于现阶段我们深入贯彻落实以人为本的理念，增强发展的民生性，强调发展的根本目的和价值取向在于实现人的解放和自由全面发展，具有重要的启迪意义。

第四章　中国共产党的保障民生理论

中国共产党的历史就是一部为人民谋求国家独立、人民生活幸福的历史。第一代中央领导集体智慧的结晶毛泽东思想中包含解放民生，建立保障民生、为人民服务的社会主义制度思想。第二代中央领导集体智慧结晶邓小平理论提出解放和发展生产力，使人民过上小康生活，强调大力关注和发展民生。第三代中央领导集体提出"三个代表"重要思想，以胡锦涛为总书记的中央领导集体提出科学发展观，其中蕴涵丰富的民生理论。新一届中央领导集体立足于人们生活水平全面提高的新起点和在新一轮发展中遇到的新问题，提出以保障和改善民生为重点。

第一节　毛泽东思想中的保障民生理论

毛泽东这一代马克思主义革命者，为了革命的理想奋斗一生。自从马克思主义传入中国以来，这一民生目标成为中国马克思主义者们长期的理想和追求。因此，以毛泽东、邓小平、江泽民、胡锦涛和新一届中央集体为代表的党的历届领导集体都十分重视民生，他们从中国当时所面临的世情、国情出发，结合社会主义初级阶段民生发展的阶段性和建设的长期性特征，提出了"四个现代化"、"共同富裕"、"全面小康社会"、"和谐社会"的发展目标，并进行了艰辛的探索和实践。

一、毛泽东的"四个现代化"民生目标

实现以"四个现代化"为主要内容的现代化建设目标，使人民早日过上富裕和幸福的生活，使中国摆脱贫穷落后的面貌是毛泽东一直追求的民生理想。"四个现代化"作为马克思、恩格斯民生发展目标在中国运用与发展的第一个理论成果，是

毛泽东民生思想的重要内容。

改善民生、实现现代化是中国人民自近代以来最大的目标所在。在此进程中，毛泽东始终是最为关键、最为主要的人物之一。他带领全国各族人民为从根本上解决民生问题，建立社会主义的社会制度做出了巨大贡献。不仅如此，还为强国富民进行了社会主义建设的艰辛探索，为中国开始现代化建设、从真正意义上解决民生问题奠定了基石。因此，改善民生、实现社会公平正义和中国的现代化是毛泽东终生奋斗的民生目标。研究毛泽东为实现民生目标而进行的现代化探索，阐释现代化建设的理论成果及其探索过程中的经验教训，有着重要的理论意义和实践价值。

二、"四个现代化"建设目标的民生内涵

民生问题从来就不是一个简单的经济问题，而是包含经济、政治、文化、社会等多种要素的统一整体。随着人民生活水平的快速提高和社会的发展进步，经济困难时期人民群众单一的物质需求此时已经不能满足需要，需求层次向经济富裕、精神富足和权利意识明显发展。因此，改善民生、提升人民群

众生活质量必须考虑这些重要内容。而在毛泽东所设计的以"四个现代化"为标志性的民生建设目标中,鲜明地体现了为人民群众的生存和发展提供经济、政治、文化条件这一基本主题。

近代中国民生的困苦是"四个现代化"目标提出的现实依据。中国共产党自诞生之日起就把改善民生、实现社会公平正义作为政治主张和奋斗目标。早在鸦片战争前后,由于鸦片走私和鸦片贸易的合法化,以及由洋货倾销引起的中国对外贸易长期处于不利地位,大量真金白银外流,造成银贵钱贱,使广大中国人民直接蒙受危害。北洋军阀统治时期,各地大小军阀连年混战,横征暴敛,人民的负担更加沉重。日本占领区内,日本帝国主义实行涸泽而渔的经济政策,猎取了大量财富,人民生活极端贫困。在国民党统治区,恶性通货膨胀急剧发展,城市失业人口不断增加,工人群众生活日益恶化。在农村,除了交纳各种苛捐杂税外,农民对市场的依赖程度提高,受外国侵略者剥削的程度也相应增加。地主、高利贷者、奸商操纵农村市场,压低农副土特产品收购价,任意提高借贷利率和工业产品及生活必需品价格,层层剥夺农民。自北洋军阀统治时期首创"预征田赋"以来，农民更是苦不堪言。在很多地区，一般都预征几年，有的竟预征至20世纪80年代。此外，天灾人祸也造成中国农村经济日益破产，农民生活更加贫困化。在封建主义统治下的旧中国，人民群众本无自由可言。帝国主义为消除中国人民的反帝意识和斗争，也常常施以高压专制手段。中外反对派对于中国共产党所领导的人民革命更是恨之入骨，无情镇压。农民在三座大山压迫下，还得忍受神权、族权的欺凌，毫无政治地位，更谈不上拥有政治权利。工人劳动条件极为恶劣，工资极低而工时甚长，加上封建把头、工头的暴虐凶残，工人群众生活在水深火热之中。可以说，"国家的情况一天比一天坏，环境迫使人们活不下去"，以毛泽东为代表的中国共产党人直面近代中国民生困境，看到了中国人民群众发展经济、改善民生的迫切愿望，这就为以"四个现代化"为标志性的民生目标提供了历史条件和现实依据。

注重经济民生、发展生产力是"四个现代化"目标的核心内容。马克思主义认为，无产阶级经过革命上升为统治阶级以后，要把一切生产工具集中在自己的手中，并且尽最大可能发挥其作用，尽可能快地增加社会生产力的总量，改善人民生活。毛泽东充分认识到发展生产力、注重民生经济是改善人民生活的基础，"四个现代化"的民生目标中突出要实现工业现代化，就鲜明地体现了追求生产力发展的意图，亦是其核心。中国在这样一个工业化起点低、基础薄弱的特殊国情里，如果不重视发展生产力、优先发展工业，就不能从根本上改变生产力水平低下的落后状况，改善和发展民生也就只是一句空话。早在抗日战争时期，毛泽东就说："我们共产党是要努力于中国的工业化的。"在中共七大上，他强调："没有工业，便没有巩固的国防，便没有人民的福利，便没有国家的富强。"在毛泽东看来，中国落后的主要原因就在于新式工业的缺失，因此"要中国的民族独立有巩固的保障，就必须工业化"。此后，毛泽东在《论联合政府》中说："在新民主主义的政治条件获得之后，中国人民及其政府必须采取切实的步骤，在若干年内逐步地建立重工业和轻工业，使中国由农业国变为工业国。"同时，毛泽东深知生产力与生产关系的辩证关系。因此，在建国后，及时地提出了过渡时期总路线，开展轰轰烈烈的社会主义改造运动，其目的就是使生产资料的社会主义公有制成为国家和社会的唯一的经济基础，从而有效地适应生产力的发展，改善人民的生活。第一个五年计划执行后，毛泽东总结其经验教训，提出了走农业与工业并举的中国工业化道路——即以重工业为中心，同时注意发展农业和轻工业的中国工业化道路，以及"以农业为基础、以工业为主导"的指导原则，确定了农、轻、重的国民经济发展序列。从中可以看出，毛泽东在提出工业化的同时，也高度关注农业现代化的问题。毛泽东曾指出："在一定的意义上可以说，农业就是工业。"

强调政治民生、坚持党的领导是"四个现代化"目标的重要保证。发展民生政治、坚持党的领导是"四个现代化"目标实现的重要保证，也是"四个现代化"目标的必然要求，它决定着"四个现代化"目标的方向。毛泽东十分关注民生政治建设，强调要实行真正的人民当家做主；认为只有这样，才能保障人民群众真正享有经济、政治、文化、社会等各方面权益，才能从根本上推动"四个现代化"目标的实现。毛泽东提出建立人民民主专政的政治制度，是实现"四个现代化"的前提。如果中国还处于没有独立、没有自由、四分五裂的形势下，工业的发展也就无从谈起。因此，现在就要"在全国范围内建立无产阶级领导的以工农联盟为主体的人民民主专政的共和国"。除此之外，毛泽东还提出要建立全国人民代表大会制度，充分保障人民群众参政议政的政治权利，发挥了"四个现代化"建设主体力量的积极性。对于这一政治制度，我们党是在革命实践中逐步形成的。"毛泽东通过土地革命时期领导创建苏维埃工农民主政权，抗日战争时期制定新民主主义政治纲领，解放战争时期提出人民民主专政理论，建国以后指导建立无产阶级专政的基本政治制度，以及创设与国体相适应的政体形式和政党体制，独创了一条在本质上不同于欧美、形式上又有别于苏联的具有浓厚中国特色的民主政治之路，其核心是确保人民群众当家做主。"从而赋予了人民群众参政、议政、参与经济管理和决策的权利。中国共产党是领导"四个现代化"建设的核心力量。中国共产党自诞生以来就领导中国人民进行了28年的新民主主义革命，建立了新中国，建立了社会主义基本政治制度，为中国的现代化建设提供了基本的政治前提和条件。没有中国共产党的领导，就没有中国的现代化。中国革命和建设的实践一再证明，只有坚持中国共产党的领导，现代化的目标才有实现的可能。

重视文化民生、实现文化现代化是"四个现代化"目标的精神支柱。文化现代化是"四个现代化"目标的精神支柱。其实毛泽东早就思考过文化现代化的问题。建国初,毛泽东就预见中国将不可避免地要迎来一个文化建设的高潮,那种被认为不文明的时代已经过去了。1957年毛泽东曾提出我们要"建设一个具有现代工业、现代农业、现代科学文化的社会主义国家"。后来党中央在正式提出"四个现代化"目标时,将"科学文化现代化"改为"科学技术现代化",之所以如此修改,主要是因为文化的内容较为广泛,不仅包括科学技术,而且包含意识形态性的内容;而"科学技术现代化"的内涵界定更为确切。在发展文化民生实践中,毛泽东始终坚持马克思主义在文化民生建设中的指导地位,确立了文化民生发展的服务对象是人民大众,确定了繁荣科学文化事业的方针是"百花齐放、百家争鸣",提出了"向现代科学进军"的伟大口号。其中,倡导文化大众化体现了文化发展的民生价值取向。其主要表现:一是论证了文化大众化的理论依据。毛泽东认为,坚持人民群众创造历史的唯物史观,就必须确立人民群众在文化领域的主体地位。二是指明了文化大众化的服务对象。早在《新民主主义论》中,毛泽东就提出了文艺普及问题。他指出:"新民主主义的文化是大众的，因而即是民主的。它应为全民族中百分之九十以上的工农劳苦民众服务，并逐渐成为他们的文化。"三是指出了文化大众化的实现路径。毛泽东认为，这一路径就是让文艺工作者以人民群众的实践作为创作的源泉，深入到人民群众生活中去。四是说明了文化大众化的政治功能。毛泽东指出："文艺是从属于政治的，但又反过来给予伟大的影响于政治。"因此，"革命的文艺，应当根据实际生活创造出各种各样的人物来，帮助群众推动历史的前进"。

第二节　邓小平理论中的保障民生理论

一、邓小平的"共同富裕"民生目标

在社会主义建设进程中，尤其是在"大跃进"、"人民公社化"、"文化大革命"期间，许多人并没有搞清楚"什么是社会主义、怎样建设社会主义"这个根本问题，对民生的理解和把握出现了偏差乃至忽视的倾向，结果在实践上不仅导致国民经济发展长期徘徊不前，而且人民群众生活日益贫困化。

十一届三中全会以后，以邓小平为核心的中共第二代领导集体在新的历史条件下进行了"什么是社会主义、怎样建设社会主义"的探索，提出了具有中国特色和时代精神的"共同富裕"构想，为社会主义初级阶段民生问题的解决提供了更具体、更科学、更现实的发展方向、奋斗目标，同时也是对马克思、恩格斯民生发展目标的继承、创新。

二、正确理解和把握"共同富裕"民生目标

现阶段我国社会的主要矛盾仍然是人民日益增长的物质文化需求同落后的社会生产之间的矛盾，必须把发展生产力作为社会主义的根本任务。但仅仅是生产力的发展和人民物质生活的提高，仍然解决不了民生问题。生产力的发展只是给民生改善与发展提供了可能，真正解决民生问题还离不开共同富裕的实现。因此，我们要正确理解和把握"共同富裕"民生目标。

改善民生、共同富裕是社会主义优越性的基础和体现。社会主义优于资本主义的基本点，就在于社会主义有高于资本主义的生产力，只有在社会主义社会才能享受到民生幸福，具有物质精神富裕特征的共同富裕的美满生活。否则，就谈不上

社会主义优越性。斯大林曾说过:"社会主义不是要大家贫困,而是要消灭贫困,如果认为社会主义能够在贫困的基础上,在缩减个人需要和把人们的生活水平降低到穷人生活水平的基础上建成,那就愚蠢了……这并不是社会主义,而是对社会主义的讽刺。"1978年邓小平在视察东北地区时说:"社会主义要表现出它的优越性,哪能像现在这样,搞了20多年还这么穷,那要社会主义干什么?"后来,在1982年他又重提当年的讲话:"'四人帮'叫嚷要搞'穷社会主义'、'穷共产主义',胡说共产主义主要是精神方面的,简直是荒谬至极!""我们干革命几十年,搞社会主义30多年,截至1978年,工人的月平均工资只有四五十元,农村的大多数地区仍处于贫困状态,这叫什么社会主义优越性?社会主义必须大力发展生产力,逐步消灭贫穷,不断提高人民的生活水平。"到后来,邓小平更明确地说,社会主义的优越性归根到底要体现在它与资本主义相比,更能把生产力发展得快一些、高一些,并且在促进生产力发展的基础上持续不断改善人民群众的物质文化生活。1986年邓小平在回答美国记者迈克·华莱士提问时说:"不能有穷的共产主义,同样也不能有穷的社会主义。但我们讲的致富不是你们讲的致富。社会主义财富属于人民，社会主义的致富是全民共同致富。"1990年在一次同几位中央负责同志谈话时他又指出："社会主义不是少数人富起来、大多数人穷，不是那个样子。社会主义最大的优越性就是共同富裕，这是体现社会主义本质的一个东西。"也就是说，共同富裕不是少数人富裕多数人贫穷，而是全体人民的共同富裕，体现了改善民生的目标追求。因此，在邓小平那里，生产力发达、人民共同富裕是社会主义优越于资本主义的标志，这也使得民生事业与社会主义事业紧密相连。

在发展生产的基础上改善人民生活。在以往，有些人认为共同富裕仅仅是分配问题，忽视了作为分配前提和基础的物质生产的作用。邓小平共同富裕的民生目标不是仅限于从收入分配的角度来谈共同富裕问题，而是把它提到经济发展的高度来认识。也就是说，共同富裕不单是分配的结果，首先应该是生产的结果。列宁说："只有把社会关系归结于生产关系，把生产关系归结于生产力的高度，才能有可靠的根据把社会形态的发展看作是自然历史过程。"生产力发展水平制约着社会产品分配的数量、规模和质量。没有物质产品的不断丰富，单纯在分配上做文章，只能是共同贫穷，而不是共同富裕。因此，我们只能在发展生产的基础上逐步改善人民生活。早在新中国成立之初，邓小平就曾深刻地指出："共产党就是为发展社会生产力的，否则就违背了马克思主义理论。"要"用高度的热忱去关怀工人阶级的各方面，从政治上、文化上、生活和物质福利上去关心他们，不要忽略有利于工人的'小事'"。1954年邓小平在国家预算草案报告中强调，"在发展生产的基础上进一步改善劳动人民的物质和文化生活"是国家预算的基本任务。1975年，邓小平在主持中央日常工作期间，对多年来无人问津的人民生活问题给予了极大的关注，多次提出要关心群众生活，通过多种方式使人民尽快富起来。他说，对蔬菜少、肉类缺、好多地方都缺乏副食品这样的问题要具体地去研究解决。"我们党和国家一定要关心群众生活，现在应该提出这个问题了。"1977年第三次恢复邓小平的工作后，邓小平对生产与共同富裕的关系阐述越来越多也越来越深刻。1980年，他在《目前的形势和任务》的讲话中谈道："我们只能在发展生产的基础上逐步改善生活。发展生产，而不改善生活，是不对的；同样，不发展生产，要改善生活，也是不对的，而且是不可能的……逐步改善人民的生活，提高人民的收入，必须建立在发展生产的基础上。"1987年，邓小平在会见美国前总统卡特时又说："中国的主要目标是发展，是摆脱落后，使国家的力量增强起来，人民的生活逐步得到改善。"

两极分化与民生发展、共同富裕水火不相容。共同富裕是民生发展的目标，更是对一切剥削阶级社会贫富不均、两极分化剥削制度的否定。两极分化是资本主义制度的产物。马克思在《资本论》中分析资本积累的后果时指出："社会的财富即执行职能的资本越大，它的增长规模和能力越大，从而无产阶级的绝对数量和他们的劳动生产力越大，产业后备军也就越大。可供支配的劳动力同资本的膨胀力一样，是由同一些原因发展起来的。因此，产业后备军的相对量和财富的力量一同增长。但是同现役劳动军相比，这种后备军越大，常备的过剩人口也就越多，他们的贫困同他们所受的劳动折磨成反比。最后，工人阶级中贫苦阶层和产业后备军越大，官方认为需要救济的贫民也就越多。这就是资本主义积累的绝对的、一般的规律。"从中可以看出，在资本主义私有制条件下，资本积累增长的同时也带来无产阶级的贫困积累，贫富悬殊的两级分化成为资本主义的历史必然。对于资本主义而言，两极分化如影随形，除非资本主义在世界上不复存在。而"社会主义与资本主义不同的特点就是共同富裕，不搞两级分化"。因为在社会主义社会中，以生产资料公有制为主体的经济制度彻底消除了两极分化产生的基础，广大人民群众成为社会主义生产资料的主人。正如邓小平所说："社会主义的目的就是要全国人民共同富裕，不是两极分化。如果我们的政策导致两极分化，我们就失败了；如果产生了什么新的资产阶级，那我们就真是走了邪路了。"也正是如此，我们要始终坚持公有制的主体地位，才能更大限度地保障和改善民生，消灭两极分化，最终实现共同富裕。

精神富裕是共同富裕、民生发展的应有之义。共同富裕是社会主义社会民生发展的重要目标，是社会主义的本质特征。它首先表现在物质生活的富裕，人民生活水平的提高；但不只是限于物质生活，精神富裕同样也是共同富裕不可或缺的组成部分。共同富裕应该是以物质生活富裕为基础的物质富裕和精神富裕的统一。邓小平在南方谈话中指出："不仅经济要上去，社会秩序、社会风气也要搞好，两个文明建设都要超过他们，这才是有中国特色的社会主义。"因此，在邓小平看来，经济贫穷不是社会主义，文化落后也不是社会主义，只有两个文明共同进步发展才是真正的社会主义。因为"社会主义与资本主义不同的特点就是共同富裕，不搞两极分化。创造的财富第一归国家，第二归人民，不会产生新的资产阶级。国家拿的这一部分，也是为了人民，搞点国防，更大部分是用来发展经济，发展教育和科学，改善人民生活，提高人民文化水平"。并且也只有这样，才能从根本上为经济发展、民生改善提供精神动力、智力支持。邓小平曾经说过："光靠物质条件，我们的革命和建设都不可能胜利。过去我们党无论怎样弱小，无论遇到什么困难，一直有强大的战斗力，因为我们有马克思主义和共产主义的信念。有了共同的理想，也就有了铁的纪律。无论过去、现在和将来，这都是我们的真正优势。""革命精神是非常宝贵的，没有革命精神就没有革命行动。"在我们的社会里，广大劳动者有高度的政治觉悟，他们自觉地刻苦钻研，提高科学文化水平，从而必将在生产中创造出比资本主义更高的劳动生产率，创造出更富裕的物质生活。如果没有精神上的富裕，没有崇高的理想和信念，而是精神贫困与精神空虚，生产力的发展就会丧失精神动力，民生改善就会是一句空话。即使经济搞上去也没有什么意义，"反过来影响经济变质，发展下去会形成贪污、盗窃、贿赂横行的世界"。随着生产力的发展，人们物质富裕之后将会拥有一定的闲暇时间。如果人们精神贫乏，没有精神富裕作依托，闲暇时间的存在只会使人滋生惰性，使社会产生新问题。可见，在邓小平共同富裕的民生目标中，内含着精神富裕这一固有的重要元素。

第三节 "三个代表"重要思想中的保障民生理论

一、江泽民与"全面小康社会"民生目标

作为民生发展的目标追求——共同富裕的实现，不可能一蹴而就，是一个动态发展的过程。以江泽民为核心的中国共产党第三代领导集体面对20世纪末不断变化的国际国内形势，以全新的战略眼光、宏观思路进一步拓展了邓小平民生目标的内涵，提出了具有鲜明时代特征的民生发展的阶段性目标——全面小康社会，突出地体现了民生全面发展阶段的细化和内容的

丰富，为新世纪、新阶段民生问题的解决提供了具有感召力的明确趋向。

二、"全面小康社会"民生目标的内涵

全面小康社会是高水平的小康，其实质是对民生的全面发展。全面小康社会明确了21世纪头20年的民生目标是努力实现翻两番，使小康从低水平向高水平、不全面向全面、不平衡发展向平衡发展转变。因此，全面小康社会的民生目标有着十分丰富的内涵。

全面小康社会民生目标的实现必须以经济民生建设为中心。在20世纪末，人民的生活水平虽然从总体上达到了小康水平，我国经济、社会发展取得了举世瞩目的成就。但是，由于经济基础薄弱，发展起点低，相对而言我国的总体发展状况仍很落后。从国内状况来看："我国生产力和科技、教育发展水平还比较低下，实现工业化和现代化还有很长的路要走；城乡二元经济结构还没有改变，地区差距扩大的趋势尚未扭转，贫困人口还为数不少；人口总量继续增加，老龄人口比重上升，就业和社会保障压力增大；生态环境、自然资源和经济、社会

发展的矛盾日益突出；经济体制和其他方面的管理体制还不完善；民主法制建设和思想道德建设等方面，还存在许多不容忽视的问题。"而要解决这些问题，唯一途径就是要以经济民生建设为中心，加快发展。也只有这样，才能使国家经济总量走在世界前列，才能使人均GDP逐步达到中等收入国家的平均水平，才能真正提高小康生活的水平和质量，增加人民的富裕程度和比例。江泽民曾指出："中国解决所有问题的关键要靠自己的发展。"全面建设小康社会、改善人民生活等都离不开发展。他创造性地提出"尤其要把集中力量发展社会生产力摆在首要位置"，"坚持党的基本路线不动摇，关键是坚持以经济建设为中心不动摇"，"经济是基础，解决中国所有的问题，归根结底要靠经济的发展"，"我们党要始终代表中国先进生产力的发展要求……通过发展生产力不断提高人民群众的生活水平"等新的思想观点。因此，以经济民生建设为中心，大力发展生产力，才能使人民的小康生活从低水平向高水平发展，全面小康社会民生目标才能最终实现。

全面小康社会民生目标的实现必须注重协调发展。全面小康社会民生目标的实现，是一项宏伟的系统工程。而要圆满实现这一目标，不仅需要注重发展经济民生，而且必须注重经济民生、政治民生、文化民生和各项社会民生事业的总体推进、协调发展，这样才有可能把全面小康社会的民生目标真正落到实处。第一，要促进经济民生、政治民生和文化民生协调发展。全面小康社会民生目标，既包括经济民生目标，又包括政治民生、文化民生等目标，它是一个全方位发展的综合性的民生目标。因此，在以经济民生建设为中心的同时，更要注重政治民生、文化民生的协调发展。大力发展民生政治，建设社会主义政治文明，保证人民群众各项政治权利得到充分的落实和行使。全面建成惠及十几亿人口的更高水平的小康社会，既要让人民过上殷实富足的物质生活，享有充分的政治权利，也要让人民享有健康丰富的文化生活。因此，我们要切实发展文化民生，坚持社会主义先进文化前进方向，以满足人民群众精神文化需求为出发点和落脚点，发展面向现代化、面向世界、面向未来的，民族的科学的大众的社会主义文化，推动社会主义先进文化更加深入人心，社会文化生活更加丰富多彩，人民基本文化权益得到更好保障，人民思想道德素质和科学文化素质全面提高。第二，要促进人口、资源和环境的协调发展。江泽民正确审视我国基本国情，指出人口众多、资源相对不足、环境承载力较弱直接制约了人民群众民生质量水平的提高。面对这一基本国情，江泽民多次强调要保护生态环境，并从理论的高度阐述实施可持续发展战略。他在1995年明确指出："在现代化建设中，必须把实现可持续发展作为一个重大战略。"控制人口增长，保护生态环境，是全党全国人民必须长期坚持的基本国策。在党的十五大和十六大报告中，又重申："必须把可持续发展放在十分突出的地位，坚持计划生育、保护环境和保护资源的基本国策。"在此江泽民将人口、资源、环境问题统筹考虑，强调要协调发展，与其他相关工作兼顾安排，共同促进了人与自然的和谐，为经济社会发展进步与人民群众民生改善提供了根本保证。

全面小康社会民生目标的实现必须注重平衡发展。全面小康是不同地区、城市乡村、不同阶层平衡发展的小康，所以在建设全面小康社会过程中，要努力促进不同地区、城市乡村、不同阶层平衡发展，努力缩小地区发展、城乡发展、不同社会阶层间的收入差距，避免分配不公、两极分化现象的发生。全面小康社会平衡发展的含义如下：其一，逐步缩小东、中、西部地区之间的发展差距。东、中、西部发展差距是自然、历史、经济综合的结果，具有一定的客观必然性。当然，不同地区发展条件各异，有的是可以改变的，但有些自然条件是难以改变的。因此缩小东、中、西地区之间的发展差距不是要使各地区经济发展总量相等，这也是不现实的。缩小区域发展差距，要注重缩小不同地区间基本公共服务的差距，朝着基本公共服务均等化的目标前进，从而使不同地区的人民生活水平的差距不断缩小，是比较切合实际的。其二，逐步缩小城市、乡村之间的发展差距。城市和乡村是经济社会发展不可分割的整体，是民生发展目标所涵盖的两大部分。正确处理城乡关系，不仅有利于农村经济的发展，而且也为城市的进一步发展提供了重要的机遇。近几年来，在推进城市化、工业化进程中，我国城乡发展差距不断扩大已是不争的事实。城乡发展失衡、差距日趋扩大，是当前我国经济生活中存在的突出矛盾之一。目前城乡差距的表现是多方面的，不仅有收入水平之间的差距，更有教育、医疗、社会保障等民生发展方面的差距。我国是一个农业人口占绝大多数的国家，全面小康社会建设的重点和难点都在农村，"小康不小康，关键看农村"。因此，在加快城市发展的同时，要进一步合理调整国民收入分配格局，更多地支持农业和农村发展；以"工业反哺农业、以城市支持农村"为指导，建立城乡互动的协调机制；为农民工进城创造良好的制度环境，让农民进得来、留得住、回得去；深化土地、金融等改革，为农村经济发展注入新的动力，从而逐步改变农民的生活条件和生存环境，并过上真正意义上的小康生活。其三，逐步缩小社会各行业人员的收入差距。收入分配问题日益成为公众关心的话题，它关系到千家万户的生存，对提升人民生活质量具有极其重要的影响。全面小康社会目标的实现，有赖于社会各阶层人员收入的平衡增长。因此，进一步完善和贯彻执行以按劳分配为主体多种分配方式并存的社会主义初级阶段的分配制度显得尤为重要。江泽民为此也提出了"初次分配注重效率"，"再分配注重公平"，"一切合法的劳动收入和合法的非劳动收入，都应该得到保护"，"放手让一切劳动、知识、技术、管理和资本的活力竞相迸发，让一切创造社会财富的源泉充分涌流，以造福于人民"，使绝大多数人都能过上丰衣足食的小康生活。

第四节 科学发展观中的保障民生理论

继毛泽东提出建设"四个现代化"、邓小平提出"共同富裕"、江泽民提出"全面小康社会"的民生目标后，以胡锦涛为代表的领导集体在党的十六届四中全会上从高度关注和着力改善民生出发，郑重地提出了新时期新阶段民生建设的新目标——"构建社会主义和谐社会"。"和谐社会"是我国现阶段民生建设的目标指向和现实要求，亦是保障和改善民生的重要尺度。与"全面小康社会"相比，"和谐社会"民生目标的任务更全、水平更深、时间更长、要求更高，充分体现了人民群众与新一代领导集体对保障和改善民生的新期待、新要求。

和谐社会目标的民生维度解析。和谐社会是一个系统的概念，内涵丰富，它涉及人与人之间、人与自然之间等多重关系。它是社会存在、发展的一种状态，不是某一特定的社会形态或历史阶段，它表现为社会各种矛盾趋向缓和，社会各方面得以协调、可持续发展。因此，我们所要建设的社会主义和谐社会，"应该是民主法治、公平正义、诚信友爱、充满活力、安定有序、人与自然和谐相处的社会"。社会主义和谐社会所具有的六条基本特征既体现了社会关系的和谐，也体现了人与自然的和谐、经济社会发展的和谐，更体现了对民生发展目标内涵的进一步深化和提升。

一、政治民生：让人民群众过上有尊严的幸福生活

尊严，就是人拥有应有的权利并被其他具有人性特征的事物所尊重。政治民生，就是从政治层面上考虑人民群众的生计问题，充分保障、尊重人民群众的政治权利需求，让人民群众过上有尊严的幸福生活。和谐社会的首要特征——"民主法治，就是社会主义民主得到充分发扬，依法治国基本方略得到切实落实，各方面积极因素得到广泛调动"。因此，民主法治的本质要求和集中体现，是人民当家做主、管理国家。这就意味着建设社会主义和谐社会，就必须切实保障和维护人民的政治权利，如社会知情权、意志表达权、社会参与权、民主监督权，促进人民民主的充分发扬和民主和谐氛围的形成，进而凝聚社会各方面积极因素、智慧和力量。胡锦涛在十七大报告中

曾指出："要坚定不移发展社会主义民主政治，扩大社会主义民主，更好地保障人民权益和社会公平正义。"改革开放以来，政治体制改革得以积极稳妥推进，社会主义民主政治建设取得了重大成果，人民群众有序政治参与常态化，积极性不断提高；各种民主制度不断健全，民主形式不断丰富，民主渠道不断拓宽，人民群众享有更多、更切实的政治民主权利。"民主和谐政治局面的形成，还需要制度和法治的保障和支持。否则，以自由、平等、人权为主要标志的民主和谐政治局面的形成就是一句空话。"民主与法治的科学结合，才能彻底否定人情高于法律、权力凌驾于法律之上，才能使依法治国的基本方略得到真正落实，使人民群众的政治权利需求得到切实保障和尊重。

二、经济民生：实现利益分配公正

马克思主义认为，政治决定于经济。在当今时代，没有经济作保障，"人民群众过上有尊严的幸福生活"这句话只是无源之水、无本之木。经济民生，就是从经济层面上考虑人民群众基本的生存和发展所需的物质条件，最终引导人民群众走向共同富裕。在当前，除充分促进发展生产力为民生发展创造丰富的物质基础之外，更为重要的是要解决分配不公，让全体人民共享改革发展的成果，维护社会公平正义，促进社会和谐发展。

"公平正义，就是社会各方面的利益得到妥善协调，人民内部矛盾和其他社会矛盾得到正确处理，社会公平和正义得到切实维护和实现。"社会的公平正义产生于人们之间的利益关系，而根据人们的贡献、责任、义务分配社会合作所创造的利益，是社会公平正义要解决的主要问题。在我国，伴随改革的不断深化和社会剧烈的变化，加上"黄金发展期"与"矛盾凸显期"高度融合，社会财富分配不公，群体间收入差距不断扩大，这在客观上要求促进生产力发展的同时，更要注重维护社会的公平正义，积极协调处理社会各阶层、各方面的利益关系，逐步建立以权利公平、机会公平、规则公平、分配公平为主要内容的社会公平保障体系，为每一个社会成员提供最基本的发展机会和平台，而具有充分自由发展的空间，各尽所能，各得其所；推进分配制度改革，建立正常的工资增长机制，通过扩中、提低、限高缩小贫富差距，"健全法律法规，强化政府监管,加大执法力度,加快形成公开透明、公正合理的收入分配秩序"。"从社会公正、社会平等、社会正义角度看,不应人为地规定哪些人、哪些地区、哪些部门、哪些集团先富起来,而应该为所有人、所有地区、所有部门、所有集团提供平等发展、公平发展、协调发展的制度平台",使全体人民朝着共同富裕的方向稳步前进,从而实现社会的公平公正和人民的幸福安康。

三、文化民生:提升民众思想道德素质和发展社会主义先进文化

文化民生,就是从文化层面上考虑人民群众最迫切的文化需求,既包括人民群众的精神信仰、思想状况、生活品质,又包括人民群众的文化权益、文化权利。文化民生体现着国家的软实力,是民生之魂。因此,发展民生,也要注重人民群众的精神需求、生活品质的满足和文化权益、权利的维护,通过促进社会主义先进文化大发展、大繁荣,不断提升人民群众文化素质,促进全面发展。

和谐社会的道德基石——诚信友爱,"就是全社会互帮互

助、诚实守信，全体人民平等友爱、融洽相处"。因此，和谐社会应当是那种人与社会之间、人与人之间关系处于协调、融洽状态的社会。诚信友爱是构建和谐社会的道德基石和基本道德规范，是全体社会成员思想道德素质的基本标杆。在道德规范体系中，诚信友爱作用的真正发挥可以最大限度地减少社会生活中人们之间的各种内耗和摩擦，可以将社会生活中的风险和代价降低到最低程度，从而有助于良好人际关系的建立，将矛盾激化的潜在因素消灭在萌芽状态之中；诚信友爱对增加社会的价值认同具有促进作用，能够让人们在彼此信任和相互关爱的氛围中感受到做人的价值和尊严，继而极大地激发人的生命活力和创造力。同时，诚信友爱也是和谐社会的文化底蕴，是人民群众共有的精神家园。

在社会主义市场经济条件下，弘扬诚信友爱的中华优良传统道德精神，提升人民群众文化素质，保障文化权益，必须坚持中国特色社会主义文化发展道路，深化文化体制改革，推动社会主义文化大发展大繁荣，以建设社会主义核心价值体系为根本任务，以满足人民群众精神文化需求为出发点和落脚点，发展面向现代化、面向世界、面向未来的，民族的科学的大众的社会主义文化；完善覆盖城乡、结构合理、功能健全、实用高效的公共文化服务体系，实现人民基本文化权益；着力推动社会主义先进文化深入人心，推动社会主义精神文明和物质文明全面发展，不断开创中华民族文化创造力的持续迸发、人民文化生活内容更加丰富、人民基本文化权益得到更好保障、人民思想道德素质和科学文化素质全面提高的新局面，建设中华民族共有的精神家园。

四、社会民生：加强社会建设与促进人与自然和谐相处

社会民生，就是从社会层面上考虑与人民群众生活、生存、发展相关的社会条件、社会建设，使广大人民群众安居乐业、幸福生活。社会民生是与人民群众最关心、最现实的利益问题直接相关的。着力保障和改善民生，首要的就是要解决与人民群众幸福安康直接相关的社会安定、社会保障、社会公共服务等社会条件，从而实现生产的极大发展、生活的极其富裕、生态环境的良好。

社会要和谐，人民要富裕，首要是社会安定。社会安定也

是广大人民的根本利益所在。因此,我们要建设的和谐社会,"就是社会组织机制健全,社会管理完善,社会秩序良好,人民群众安居乐业,社会保持安定团结"。人民幸福有赖于健全的社会保障体系,社会保障亦是社会安定的重要保证。党的十七大报告中明确指出:"要以社会保险、社会救助、社会福利为基础,以基本养老、基本医疗、最低生活保障制度为重点,以慈善事业、商业保险为补充,加快完善社会保障体系。促进企业、机关、事业单位基本养老保险制度改革,探索建立农村养老保险制度。"胡锦涛特别重视公共服务体系建设,多次强调要建立、完善覆盖全体城乡居民的公共文化服务体系、公共教育服务体系、公共卫生服务体系、公共就业服务体系等,着力解决人民群众最为现实的、最为基础的民生诉求。

人民群众生活质量的提高不仅仅需要生产力的发展,生态环境良好也是其重要基础。因此,我们要构建的和谐社会是人与自然和谐相处的社会。当前,人与自然的不和谐,人口、资源、环境与经济发展的矛盾比较突出。要实现人与自然和谐相处,必须牢固树立和贯彻落实科学发展观,建设生态文明;尊重自然、善待自然,自觉维护大自然的平衡与和谐;改变以破坏资源和环境为代价的粗放型经济增长方式，努力实现自然资源的良性循环和永续利用；坚持走生产发展、生活富裕、生态良好的文明发展道路，保证民生水平持续、快速、稳定提高。

第五节　新一届中央领导集体的保障民生政策

新一届中央领导集体特别重视民生，将保障和改善民生作为全党工作的重要内容。党的十八大报告指出："加强社会建设，必须以保障和改善民生为重点。要多谋民生之利，多解民生之忧，解决好人民最关心最直接最现实的利益问题，在学有所教、劳有所得、病有所医、老有所养、住有所居上持续取得新进展，努力让人民过上美好生活。"

习近平任中共中央总书记以来多次强调民生的重要性。在十八届一中全会上，他指出：我们党领导人民全面建设小康社会、进行改革开放和社会主义现代化建设的根本目的，就是要通过发展社会生产力，不断提高人民物质文化生活水平，促进人的全面发展。检验我们一切工作的成效，最终都要看人民是否真正得到了实惠，人民生活是否真正得到了改善，这是坚持立党为公、执政为民的本质要求，是党和人民事业不断发展的重要保证。在前进道路上，我们一定要坚持从维护最广大人民根本利益的高度，多谋民生之利，多解民生之忧，在学有所教、劳有所得、病有所医、老有所养、住有所居上持续取得新进展。我们要坚持党的群众路线，坚持人民主体地位，时刻把群众安危冷暖放在心上，及时准确了解群众所思、所盼、所忧、所急，把群众工作做实、做深、做细、做透。要正确处理最广大人民根本利益、现阶段群众共同利益、不同群体特殊利益的关系，切实把人民利益维护好、实现好、发展好。要认真贯彻落实中央各项惠民政策，把好事办好、实事办实，让群众时刻感受到党和政府的关怀。对涉及群众切身利益的重大决策，要认真进行社会稳定风险评估，充分听取群众意见和建议，充分考虑群众的承受能力，把可能影响群众利益和社会稳定的问题和矛盾解决在决策之前。对群众反映强烈的突出问题，都要强化责任，健全制度，落实到人，推动有关方面形成合力，妥善加以解决。对损害群众权益的失职渎职和违纪违法行为，要坚决查处，决不姑息。

习近平强调："做好保障和改善民生工作，让人民群众得到看得见、摸得着的实惠。"民生问题无小事，群众利益大于天。让人民生活得更加幸福，让群众得到看得见、摸得着的实惠，是党和政府的工作目标与职责所在。习总书记的实惠观看似普通，但却真正反映出民生问题的实质。保障和改善民生要实，前提是发展要实，否则只能是"空中楼阁"。解决民生问题的过程，说到底就是发展的过程，发展才能出效益，发展是解决民生问题的有效途径。因而，要加快转变发展方式，继续深化改革开放，始终做到聚精会神搞建设，一心一意谋发展，用发展的办法解决前进中的问题，用发展来保障民生，解决民生问题。

保障和改善民生是一项长期工作，没有终点站，只有连续不断的新起点，要实现经济发展和民生改善的良性循环。民生连着民心，民心关系国运。我们党和政府做一切工作出发点、落脚点都是让人民过上好日子。没有终点站，只有连续不断的新起点，体现解决民生问题的长期性。保障和改善民生是实现"立党为公，执政为民"思想的具体体现，需要踏石留印、抓铁有痕，实现经济发展和民生改善的良性循环。改善民生问题是一个循环往复的过程，只有起点，没有终点，旧的问题解决了，新的问题又出现，不可能一蹴而就。随着人们的物质文化生活水平的提高，对解决民生问题的要求也越来越高，同样的民生之事，以往解决也许反应很热烈，而现在来解决也许反应很平淡，甚至还会提出更高的标准。因而，解决民生问题不能满足于现状，更不能打退堂鼓，应不断创新，不断提高，从低端到高端解决不同时期民生的不同需求。雷锋、郭明义、罗阳身上所具有的信念的能量、大爱的胸怀、忘我的精神、进取的锐气，正是我们民族精神的最好写照，他们都是我们"民族的脊梁"。要充分发挥各英雄模范人物的榜样作用，大力激发社会正能量，为实现"中国梦"提供强大的精神动力。

李克强早在2012年2月16日出版的《求是》杂志上就发表文章称，要把民生工作放到经济工作的重要位置。民生不仅仅是经济问题，民生还是社会问题和政治问题，因为民生连着内需、连着发展、连着公平。目前我国人均国内生产总值已达5000美元，人民群众对保障和改善民生的需求日益增长，民生领域巨大的内需潜力会持续加快释放。加大民生投入，本身就是结构调整，是转变发展方式的应有之义。要适应群众的新期盼和形势的新要求，把民生工作放到经济工作的重要位置，把重大民生工程摆在发展工程的优先序列，努力在保障和改善民生上取得新成效。在博鳌亚洲论坛2012年年会上，李克强发表了题为《凝聚共识，促进亚洲健康可持续发展》的主旨演讲。中国将按照此目标继续促进经济社会全面协调可持续发展。为了实现这个目标，加快转型是关键，改善民生是根本，改革创新是动力。2013年2月李克强说，发展与民生相辅相成，这根本上要靠发展，靠大家共同努力，并把发展的成果体现在改善民生上。反过来，民生改善也会为发展提供动力和空间。只有真正获得全方位的发展，才能够为更高水平的改善民生提供物质保证。以保障和改善民生为目标，踏踏实实地解决民生建设中的发展难题，有利于我们寻求进一步的发展。全面建成小康社会，就是要惠及百姓。在新一届政府组成之际，他就强调中国要解决的事情很多，其中比较主要的问题是持续发展经济，不断改善民生，促进社会公正。解决这三个问题，需要三大保障：建设创新政府、廉洁政府、法治政府。要不断改善民生，要着力提高城乡居民，特别是低收入者的收入，持续地扩大中等收入的群体。如果说政府也是民生政府的话，就要重点保障基本民生，编织一张覆盖全民的保障基本民生的安全网。其中包括义务教育、医疗、养老保险、住房等，努力逐步把短板补上。还要坚守网底不破，通过完善低保、大病救助等制度，兜住特困群体的基本生活。他说，这些人如果陷入生存的窘境，很容易冲击社会的道德和心理底线，所以政府要尽力，并调动社会的力量，保障人民的基本生存权利和人格尊严。在中国高层发展论坛上，他提出实施改善民生的十大行动计划，包括大规模建设保障性安居工程，大力发展公共租赁住房，2013年和2014年两年开工建设2000万套保障性住房、棚户区改造住房；深入推进医药卫生体制改革，实现全民基本医保。

第五章 中国共产党保障民生理论的实践

中国共产党是工人阶级的先锋队和中华民族的先锋队,一直致力于为广大人民群众保障和改善民生。新民主主义革命时期从斗争谋求民生转向政权保障民生,为人民生活稳固幸福提供政治和制度保障。改革开放以前,计划经济初期三大改造的完成为当时社会历史条件下生产力的恢复和发展起到一定积极作用。改革开放以后,提出以解放和进一步发展生产力为基础的保障和改善民生,如今我们已经站在更高的起点上为全面建成小康社会而努力奋斗。

第一节 新民主主义革命时期的保障民生实践

新民主主义革命时期中国共产党从无到有,从弱到强,从不被承认到掌握全国政权,共产党的民生理念和建设处在不断变动和发展的过程中。直到1927年蒋介石等国民党右派疯狂镇压工人武装，我党才认识到只有枪杆子里才能出政权，到秋收起义后建立首块井冈山革命根据地，当时最主要的问题还是革命军队自身的生存和发展问题。随着力量的扩大，我党在革命根据地首先从土地开始进行民生建设的尝试，从领导人民大众斗争谋求民生转向政权保障民生。在土地革命战争的十年中，中国共产党解决民生问题突出表现为：认识革命战争和经济建设的辩证关系；领导苏区土地革命，发展生产繁荣经济；初步建立保障民生制度，发展苏区民生事业。

作为初创的红色政权，解决好民生问题首先面临的问题是如何在斗争环境中生存和发展，即如何处理革命战争和经济建设的关系。苏维埃时期，我党内部对此问题的认识存在两种误区，一种是没有认识到经济建设的重要性，只强调革命斗争，不重视战争环境下的经济建设；另一种是没看到革命战争的中心地位，离开了革命战争谈经济建设。毛泽东逐一做出批评："如果不进行经济建设，革命战争的物质条件就不能有保障，人民在长期的战争中就会感到疲惫。"这就不是服从战争，而是削弱战争。同时指出："忽视革命战争，离开革命战争去进行经济建设，同样是错误的观点。只有在国内战争完结之后，才说得上也才应该说以经济建设为一切任务的中心。"在现在的阶段上，经济建设必须是环绕着革命战争这个中心任务的。为此，毛泽东要求苏维埃政权既要"造成一种热烈的经济建设的空气"，又要"集中经济力量供给战争，同时极力改良民众的生活"。这种做法就是解决了当时存在的主要矛盾，分清了矛盾的主要方面，是非常符合实际条件的。

在这一方针指导下，党先后颁布实施了《井冈山土地法》《兴国土地法》，制定土地革命路线，开展土地革命，调动了农民的生产积极性。要解决群众生活，必须要发展经济。当时苏区"经济建设的中心是发展农业生产，发展工业生产，发展对外贸易和发展合作社"。面对敌人封锁苏区带来的严峻经济形势，苏区政府突出"农业生产是经济建设工作的第一位"，兼顾发展国营经济、合作社经济与保护私人经济，调剂商品和货币流通，开展苏区和白区内外贸易，逐步实现了苏区经济的活跃和发展。在当时极为有限的条件下，中央苏区临时政府还通过了《中华苏维埃劳动法》，宣布实行八小时工作制，规定最低限度的工资标准，实行劳动保护、社会保险和国家失业津贴制度，规定工人有监督生产权等。同时，苏区政府还大力兴办小学教育和社会教育，尤其重视对妇女的扫盲工作。据统计，在当时中央苏区的兴国县，学龄儿童总数有20969人，进入列宁小学的高达12806人，入学比例是60%。而在国民政府时代，这一地区入学儿童比例还不到10%。该县参加夜校的学生共15740人，其中女子就有10752人，占总数的69%。为适应战争需要，党和苏区政府开始重视医疗卫生工作。一方面成立各级卫生组织，创办早期医疗机构；另一方面开展防疫运动，减少疫病和死亡。自1931年以来，先后有中央红色护校、工农红军军医学校、中央红色医院等医疗教育和服务机构，尽力为红军和群众治病。1933年又颁布《卫生运动纲要》，强调苏区卫生运动是苏维埃战斗任务的一部分，介绍农村常见疾病来源及具体防治办法，以上措施大大增强了苏区军民的体质。

抗战前夕，中国共产党提出了"民生幸福"的目标。1937年5月，毛泽东指出："我们认为，共产党、国民党、全国人民，应当共同一致为民族独立、民权自由、民生幸福这三大目标而奋斗。"在1938年党的六届六中全会上，毛泽东阐述的建国主张中就包含着民生目标的追求：建立一个"求国际地位平等，求政治地位平等，求经济地位平等"的国家，"它不否认私有财产制，但须使工人有工作，并改良劳动条件，农民有土地。……一句话，使人人有衣穿，有饭吃，有书读，有事做"。抗战期间，在延安等抗日根据地，党在大力发展生产的同时，通过实行减租减息、精兵简政、开展大生产运动等措施，大大减轻了根据地农民的负担。1940年1月，毛泽东在《新民主主义论》中谈及农民的作用时指出："抗日战争，实质上就是农民战争。""抗日的一切，生活的一切，实质上都是农民所给。"而农民之所以在抗战中发挥了如此巨大的作用，减租减息运动的广泛开展就是一个不可或缺的重要原因。

抗战胜利后，为满足农民对土地的要求，加速打败国民党、解放全中国的进程，党中央于1949年7月至9月在西柏坡召开全国土地会议，制订了《中国土地法大纲》，其主要内容有：一是彻底消灭封建剥削，真正实现耕者有其田；二是规定了分配土地的办法；三是确定了土地改革的执行机关；四是规定了保护工商业者的财产及其合法经营，使之不受侵犯；五是组织人民法庭，从法律上保证土地改革的顺利进行；等等。

《大纲》颁布实施后，东北、华北等老解放区掀起了轰轰烈烈的土改运动。重视农民群众利益是这次土改的一个突出表现，对贫农、雇农的土地要求给予最大限度的满足，同时，从维护中农的利益出发，容许中农比一般贫农所得土地的平均水平更高的土地量。这次对土改政策的修改，切实地将贫农、雇农和中农团结起来。进一步巩固了工农联盟，保卫了解放区土改的胜利果实，为解放全中国夯实了基础。

在这一时期中国共产党已开始由单纯的斗争谋求民生转向政权保障民生，能够始终随着客观形势的变化做出及时调整。土地革命时期积极发动广大贫佃农，没收地主的土地，分配给广大农民。在全面抗日战争打响以后，为形成最广大的民族统一战线，我党实行地主减租减息、农民交租交息的政策。在解放战争时期，我党在率先解放的东北地区实行土地改革，采取一系列配套措施，在短短的三年多时间里，完成了战争形势的大逆转。这些政策的实施极大地调动了农民生产生活和参军的积极性，同时也发展了一大批党员干部。这样就有效地保护了各阶级和各阶层的利益，可以形成合力抵抗当时的敌人。新民主主义革命时期我党在民生问题解决方面积累了宝贵经验，从今天的视角来审视依然有很深远的借鉴意义。当然在改善民生的某些方面也存在这样那样的不足之处，如《劳动法》提出的保障工人利益的一些要求远超出当时斗争的实际需要，这就迫切要求党在实践中处理好"斗争"与"建设"之间的关系。

第二节 改革开放前的保障民生实践

中华人民共和国成立以后，中国共产党就一直在探索社会主义民生建设问题。1950年中央政府颁布《中华人民共和国土地改革法》，截止到1952年年底，在中国大陆除西藏外，全国大约3亿多无地或少地农民共分到7亿亩土地和其他生产资料。土地改革的成功彻底消灭了封建土地所有制，为国民经济的恢复和发展、为国家社会主义工业化和农业社会主义改造创造了条件。从1951年，党中央陆续颁布了一系列的决议，确立了我国农业社会主义改造的方针、路线和政策，一直到1956年底，农业社会主义改造共经历了互助组、初级社、高级社三阶段后才基本完成，全国绝大多数农户加入合作社。我国对包括农业、手工业和资本主义工商业生产资料私有制的社会主义改造，在理论上和实践上丰富和发展了马克思列宁主义的科学社会主义理论，极大地促进了工业、农业、商业的社会变革和整个国民经济的发展。

通过合作化道路，把农民个体经济逐步转变为社会主义集体经济的理论和实践。1953年春，中国土地改革基本完成，获得土地的农民有着极大的生产积极性，但分散、脆弱的农业个体经济既不能满足工业发展对农产品的需求，又有两极分化的危险。中国共产党当时认为只有组织起来互助合作，才能发展生产，共同富裕。1953年，先后发布了《中共中央关于农业生产互助合作的决议》和《中共中央关于发展农业合作社的决议》，中国农村开始了互助合作运动，引导他们参加农业生产合作社，走集体化和共同富裕的社会主义道路。到1956年底，基本实现了农业合作化。三大改造在建国初期经济社会发展水平不高的条件下具有一定的积极意义，客观上有利于改善人民群众的生活水平。

以毛泽东为代表的中国共产党人科学地分析近代以来旧中国的基本国情，意识到在中国这样的社会性质和矛盾下要摆脱贫困，必须推翻帝国主义、封建主义和官僚资本主义的统治，从根本上推翻腐朽落后的政治上层建筑，变革陈旧的生产关系，彻底解放生产力、发展生产力，才能铲除滋生贫困的根源。正是毛泽东正确实施中国革命两步走战略，领导人民群众相继取得了新民主主义革命和社会主义革命的胜利，建立了人民民主专政的国家政权，确立了社会主义基本的政治制度、经济制度、文化方针，切实保障和维护了人民群众的基本权利，为解放生产力、解放民生、实现"四个现代化"提供了政治前提和制度基础。

1949年新中国诞生，以毛泽东为核心的中国共产党第一代中央领导集体从中国的具体实践出发，坚持无产阶级专政的基本原则，确立了人民民主专政这一无产阶级专政的具体形式作为我国的国体。毛泽东认为，要全面理解人民民主专政必须把握三个方面：一是人民民主专政是我国的国体，它的制度性质是社会主义。他在中国共产党七届二中全会上明确指出，在中国人民取得胜利以后，要迅速恢复和发展生产，"使中国稳步地由农业国转变为工业国，把中国建设成为一个伟大的社会主义国家"。二是人民民主专政的核心是对人民实行民主，对敌人实行专政。在《论人民民主专政》一文中，毛泽东指出，人民民主专政最核心的就是两个方面，即对人民实行民主，对反对派实行专政，"这两方面，对人民内部的民主方面和对反对派的专政方面，互相结合起来，就是人民民主专政"。三是人民民主专政政权的唯一领导力量是无产阶级的先锋队中国共产党。在1949年的中国人民政治协商会议通过的《共同纲领》中，正式明确了新中国的国体："中华人民共和国为新民主主义即人民民主主义国家，实行工人阶级领导的、以工农联盟为基础的，团结各民主阶级和国内各民族的人民民主专政。"从而确立了我国的根本国家制度是人民民主专政，从而使人民当家做主有了最为坚实的政治保证和前提。

实际上，倡导人民当家做主，是毛泽东一贯的主张和追求。他先是主张"工农共和国"，后来又提出"民主共和国"，指出"历史给予我们的革命任务，中心的本质的东西是争取民主"。1949年，毛泽东写作《论人民民主专政》，对人民民主主义作了更为深入的研究。在不断思考人民当家做主的理论问题的同时，毛泽东在革命根据地还进行了民主政治建设的实践，如在江西革命根据地所建立的中华苏维埃共和国临时政府及其制定的宪政体系和实践，在延安革命根据地建立的陕甘宁边区政府所实行的"三三制"等，都是实现人民当家做主的具体实践。因此，人民民主专政的国家政权的建立，人民群众的历史地位发生了根本性的改变，成为国家的主人。同时，人民民主专政的国家政权的建立，保障了人民群众的各项权利，提高了人民群众的生活水平，"标志着一百多年来殖民主义、帝国主义同封建主义统治者勾结起来奴役中国人民的历史和内乱频繁、国家四分五裂的历史从此结束。中国人民摆脱了三座大山的压迫，结束了兵荒马乱的动荡生活，客观上为生产力发展和人民生活提供了前所未有的良好环境和条件，奠定了解放中国民生的基本政治前提"。

实施"双百方针"为民生解放提供思想条件。在马克思那里，文化教育处于十分重要的地位。在他看来，争取文化教育的斗争是争取人民解放、实现民生幸福的重要部分；文化教育的目的在于发挥人的主体能力，在于促进人的全面发展；普及义务教育、废除童工、坚持教育同生产劳动相结合是发挥文化教育的重要途径。毛泽东坚持并发展了这一观点，认为民生不仅仅是基本生存物质要求的满足，还应包括基本的文化需求，文化民生是民生的内在灵魂，不包含文化的民生是不健康、不完整的民生。因此，在社会主义建设初期，毛泽东提出了一项繁荣社会主义科学文化事业的基本方针——"百花齐放、百家争鸣"，为促进科学文化事业发展、提升人民群众的历史创造作用、保障人民群众基本文化权益提供重要的思想条件，让人民群众享有最持久、最实在、最真实的幸福和快乐。1951年4月，中国戏曲研究院成立，毛泽东题词祝贺："百花齐放、推陈出新。"1953年，负责中国历史问题研究委员会工作的陈伯达向毛泽东请示工作方针时，毛泽东讲了四个字："百家争鸣。"1956年4月，毛泽东在中央政治局扩大会议讨论《论十大关系》时明确提出："艺术问题上的百花齐放，学术问题上的百家争鸣，我看应该成为我们的方针。"针对国内外、党内外的种种疑虑和议论，1956年上半年毛泽东在最高国务会议第十一次扩大会议上正式宣布了"百花齐放、百家争鸣"的方针；1957年召开的中国共产党全国宣传工作会议上，多次强调要大力贯彻这一方针。他指出:"百花齐放、百家争鸣,这是一个基本性的同时也是一个长期性的方针,不是一个暂时性的方针。"在教育问题上,毛泽东指出:我们的教育方针是使受教育者成为有社会主义觉悟的有文化的劳动者,在德、智、体等方面都能得到较好的发展。除此之外,他还提出教育要与生产劳动相结合、普及农村教育、切实减轻学生的课业重担、编写和使用具有地方特点的教材等观点。对于科学技术的发展问题,毛泽东强调:"科学技术这一仗,一定要打,而且必须打好。过去我们打的是上层建筑的仗,是建立人民政权、人民军队。建立这些上层建筑干什么呢?就是要搞生产。搞上层建筑、搞生产关系的目的就是解放生产力。现在生产关系是改变了,就要提高生产力。不搞科学技术,生产力无法提高。"他在多次讲话中,还发出了要学习科学技术,要搞技术革命,要为迅速赶上世界先进科学水平而奋斗等号召。"双百方针"提出后,中国科学文化事业出现了建设高潮,文化园地百花争艳,科技领域异彩纷呈。虽然"双百方针"在实践中并没有得到坚持实行,但作为中国建设社会主义道路探索的成果之一,对于我们今天加强社会主义文化建设仍然具有重要意义。

第三节　改革开放后的保障民生实践

1978年召开的十一届三中全会是中国共产党历史上具有重要转折意义的会议，会上提出全党工作重心转移到经济建设上来，并正式确立对内改革、对外开放的政策，从此中国人民走上了改善民生的快车道。因为当我们回到经济社会发展的良性轨道上时，中国已经远远落后于世界主要发达国家。以邓小平为代表的第二代中央集体迫切想改变中国贫穷落后、人民生活困苦的局面，认为贫穷不是社会主义，社会主义应该使人民生活富裕、幸福。

邓小平在改革之初便提出："我们要增加我们的国民收入，使人民的生活一步步好起来。我们的改革是先从经济上，从改善人民生活上做起，不是从政治上做起。"体现在党中央所制定和实施的现代化战略中，便是凸显了其民生取向的特点。（1）在现代化"三步走"发展战略中，把逐步提高人民生活水平置于中心位置。1978年12月底通过的中共十一届三中全会公报指出："城乡人民的生活必须在生产发展的基础上逐步改善，必须坚决反对对人民生活中的迫切问题漠不关心的官僚主义态度。同时，我国经济目前还很落后，生活改善的步子一时不可能很大。"鉴于此，中国现代化发展战略目标的提出，充分总结了以往的经验，也充分考虑了中国经济发展的实际水平。在"三步走"的发展战略中，每一步经济增长指标，都有人民生活水平的提高相对应。把解决温饱问题作为现代化建设的第一步，立足实际，符合中国社会经济发展水平；把20世纪末的奋斗目标由实现现代化改为达到小康水平，更符合中国现代化建设的客观进程要求。（2）把人民的眼前利益和长远利益结合起来，实施从部分先富到共同富裕的发展战略。要增加国民收入，使人民的生活一步步好起来，就必须发展生产，打破齐头并进发展的格局，就必须根据中国经济发展的客观实际，改革传统计划经济体制下收入分配方式的弊端。为此，邓小平在1978年12月召开的中央工作会议上，提出了"让一部分地区一部分人先富起来"，影响和带动"全国各族人民都能比较快地富裕起来"的非均衡发展战略。他指出："搞平均主义没有希望。一部分地区先富起来，国家才有余力帮助落后地区。不仅全国，一个省、一个社、一个队也是这样。百分之二十先富起来,会把其他的带动起来。"邓小平把这种允许存在差距的非均衡发展,既称为"运用经济杠杆",也称为"加速发展、达到共同富裕的捷径"。(3)打破平均主义"大锅饭",实行"效率优先、兼顾公平"的发展原则。为了尽快改变中国普遍贫穷的状况,中国的改革以打破平均主义"大锅饭"、追求效率为出发点,鼓励"部分先富"的非均衡发展战略实际上是以"效率优先、兼顾公平"的原则为导向的。1978年5月,国务院便发布了《关于实行奖励和计件工资制度的通知》,逐步推开并逐步完善了计件工资和奖金制度。1985年1月,国务院发出了《关于国营企业工资改革问题的通知》,决定改变过去高度集中的工资管理体制,实行新的工资制度,即国有大中型企业实行职工工资总额与企业经济效益按比例浮动的办法,国家不再统一安排企业职工的工资调整,企业之间因经济效益的不同,工资水平也应有所不同,即"工效挂钩"。于是克服了企业吃国家大锅饭的弊端。同时在企业内部也打破了职工吃企业大锅饭的平均主义分配机制。"工效挂钩"的实行,调动了企业经营者和职工的生产积极性,体现了"效率优先"的原则,促进了经济效益的提高。在实践的基础上，1987年中共十三大报告中提出了"在继续促进效率提高的前提下，体现社会公平"的分配政策，这是"效率优先、兼顾公平"原则的最初文字表达。十四届三中全会关于建立社会主义市场经济体制的决定，明确确立了"效率优先、兼顾公平"的原则。这一原则在十四届五中全会及十五大的精神中继续得到了体现。这是基于党对社会主义初级阶段主要矛盾与主要任务的明确认识和清醒估计而提出的。当时中国面临的最大问题是生产力不发达，最主要任务是治穷。只有不断提高效率，增加社会财富，才有解决民生问题的物质基础。（4）产业结构调整的政策指向，为提高人民生活水平创造了条件。在20世纪60年代初的经济调整时期，党和国家虽然提出过"国民经济安排以农轻重为序"，但并不意味着农业、轻工业在投资比例上要超过重工业，而是指在制订计划时要先把农业生产及需要安排好，然后根据农业提供的原料和市场需要，安排好轻工业的生产，最后根据农业、轻工业的发展速度和规模，决定重工业的发展速度和规模。重工业投资在绝对数字和相对比例上仍然大大超过农业和轻工业。改革开放之后，迅速提高人民生活水平成为改革中重大经济政策调整的主要目标之一。十一届三中全会后，由国民经济调整工作开始，中国工业化发展战略也从优先发展重工业的倾斜战略转变为农轻重并举的均衡发展战略。表现为产业结构的调整，改变工业结构"重重、轻轻"的状况，调整农轻重比例关系，加快农业、轻工业、流通业发展的种种措施，为提高人民生活水平创造了良好条件。从产业结构来看，1978—1984年农业增长领先，工农业总产值中农业产值的比重从24.79%上升到29.67%。轻工业"六优先"政策，使轻工业在20世纪80年代至90年代增长速度一直快于重工业。1978—1997年，重工业产值平均每年增长15.1%，轻工业平均每年增长18.0%，轻工业产值占工农业总产值的比重由1978年的32.41%上升到1988年的37.27%，重工业比重则由42.79%下降为38.38%，1997年轻、重工业的比例为49.1∶50.9，重工业产值在工业总产值中的比重比1978年下降了6个百分点。产业结构的调整，使中国经济得到全面发展，也带来了人民消费机制的根本变化。消费资料计划定量分配机制让位于市场化自由选择机制。1993年，中国城乡人民告别票证经济时代，凭票供应、排队抢购的现象一去不复返，消费品市场由计划经济时代的商品短缺、供不应求的卖方市场变为市场经济时代的商品丰富、甚至供过于求的买方市场。中国市场物价稳定、商品丰富，出现了前所未有的繁荣景象。与此同时，在以分配体制改革为先导的经济体制改革的作用下，国民收入的分配格局发生了显著变化，逐渐向居民个人倾斜。大部分年份居民收入的增长速度均同步于或快于国内生产总值增长速度，居民所得占国内生产总值的比重也呈现逐渐加大的趋势。根据国家计委综合司对1978—1994年国民生产总值最终分配格局的测算，中国居民所得在国民生产总值中所占比重一直呈上升趋势，由1978年的50.5%上升到1994年的69.6%，其中农民所得比重先上升后下降，1978—1994年间提高了1.2个百分点，而城镇居民所得比重由1978年的20.1%上升到1994年的38%，上升了18个百分点。另一方面，国家所得占国民生产总值的比重显著下降，由1978年的31.6%下降到1994年10.9%。国民收入分配呈现向居民个人倾斜的格局。中国人民的生活水平得到了明显提高。据统计，1978—2000年，中国城镇居民人均可支配收入从316元上升到6280元；中国农民人均纯收入由133.6元提高到2253元。1999年，世界银行根据人均收入的增长将中国的级别从"低收入"国家提升到了"中低收入"国家行列。2004年5月

26日，温家宝总理在世界银行全球扶贫大会上宣布，中国"改革开放以来，国民经济持续快速发展，从1979年到2003年，国民生产总值由3624亿元增加到116900亿元，扣除物价因素，增长了8.4倍；同期，全国居民消费水平年均增长7%；按现行汇率计算，2003年人均国民生产总值达到1090美元，人民生活总体上达到小康水平"。

进入新世纪，我国人民的生活总体上达到小康水平，这标志着我国社会主义现代化建设进入了一个新的发展阶段。在新的历史起点上，江泽民正确分析了我国的基本国情和社会主要矛盾，提出"我们要在本世纪头二十年，集中力量，全面建设惠及十几亿人口的更高水平的小康社会"。

新世纪我国进入的只是小康社会的初级阶段，广大农村和一部分城市居民还未能达到既定的小康生活水平。正如江泽民所指出的那样，我国正处于并将长期处于社会主义初级阶段，现在达到的小康还是低水平的、不全面的、发展很不平衡的小康。促进经济、政治、文化和社会的全面发展，既是全面建设小康社会的需要，也是全面提高和改善民生的需要。因为，随着社会不断向前发展，民生的内涵也大大丰富了，人们对生活的追求已不只满足于温饱，还显现出对自身权利和发展能力的需求；不只满足于物质上的丰衣足食，还向往精神上的丰富多彩；不只满足于物质利益的获取，还关注自身的政治、文化和社会利益。一句话，人民已不只满足于生存的需要，还谋求发展的需要。为了实现人民群众的经济、政治、文化和社会利益，从而进一步改善民生，江泽民提出了一系列重要思想。他认为，在社会主义初级阶段，改善人民群众生活仍然是重要的民生问题，要"在发展经济的基础上，努力增加城乡居民的收入，不断改善人们的吃、穿、住、行、用的条件，完善社会保障体系，改进医疗卫生条件，提高生活质量"，强调改善人民群众生活是我们党制定方针政策的出发点和归属，也是判断党的领导工作成效的重要标尺。在党的十六大报告中，江泽民提出，全面建设高水平的小康社会，使经济更加发展，民主更加健全，科教更加进步，文化更加繁荣，社会更加和谐，人民生活更加殷实。

高度重视民生问题，体现了"以人为本"的思想。江泽民同志说过，"各级干部要处处以党和人民的利益为重，以人民群众为本，抛弃一切官僚主义、形式主义的不良习气，真正在领导方法和工作方法方面取得新的进步，在全心全意为人民谋利益方面创造出新的气象"，这体现了党"以人民群众为本"的思想。江泽民同志还指出：经济发展，必须与人口、资源、环境统筹考虑，不仅要安排好当前的发展，还要为子孙后代着想，为未来的发展创造更好的条件，决不能走浪费资源和先污染后治理的路子，更不能吃祖宗饭、断子孙路；控制人口增长，保护生态环境，是全党全国人民必须长期坚持的基本国策；环境意识和环境质量如何，是衡量一个国家和民族的文明程度的一个重要标志；各级党委和政府要把环境保护工作摆上重要议事日程，每年要听取环保工作的汇报，及时研究和解决出现的问题，这要成为一项制度。他的讲话体现了关注人民生活环境，实施可持续发展的战略思想。

实施西部大开发，是解决我国西部省区民生问题的重大举措。世纪之交，在《国家八七扶贫攻坚计划》取得显著成效的基础上，第三代领导集体又作出了西部大开发的决策，将区域开发与扶贫开发的重点指向了贫困问题最严重、最集中的中西部。江泽民认为，消除贫困，先发展东部，使东部地区富裕起来，转向实施西部大开发战略，谋求东西部之间的平衡发展。江泽民指出："现在，加快中西部地区发展步伐的条件已经具备，时机已经成熟……在继续加快东西部沿海地区发展的同时，必须不失时机地加快中西部地区的发展。"这是邓小平"两个大局"战略思想的具体体现，也是新世纪西部大开发的理论依据。

进入崭新的21世纪，中国共产党解决民生的战略开始向纵深发展。2002年9月12日，江泽民同志在全国再就业工作会议上以《就业是民生之本》为题的讲话，论述了充分认识就业再就业工作的重要性，并且把就业问题解决得如何，提高到是衡量一个执政党、一个政府的执政水平和治国水平的重要标志、当前党和国家工作中一项重大而紧迫的任务的高度，标志着"就业是民生之本"重要思想的形成。此后，在十六大和十七大的报告中，都对这个重要思想进行了进一步的阐述和强调。与此同时，落实这一思想的政策体系也逐步完善，形成了有中国特色的积极就业政策。江泽民同志强调全党同志和各级领导干部要关心民生，过问民生，把它作为关心群众疾苦和密切党群关系的一件大事来抓，处处关心群众，事事依靠群众，一切为了群众，诚心诚意为了群众谋福利，是我们党的根本宗旨。

关心人民的生活问题，是对各级干部特别是领导干部能不能坚持党的宗旨，实践党的根本工作路线的重大考验，也是对全体党员和干部进行党的宗旨和群众路线教育的大课。

以江泽民为核心的党中央，按照社会主义的长期战略目标，准确地把握历史发展的进程，不断调整和制定不同历史发展阶段的具体目标和任务，把握改革、发展与稳定的大局，把解决民生问题推向一个新的攻坚阶段。从1994年到2000年的7年间，我国贫困人口共减少4800万，平均每年减少近700万，贫困发生率从9%降低到3.5%，实现了中国政府"在20世纪末基本解决农村贫困人口的温饱问题"的目标。第三代领导集体在解决民生方面又做出了新的历史性贡献。

总之，在全面建设小康社会的实践中，我党积极实施了经济、政治、文化和社会"四位一体"的发展理念。把发展作为党执政兴国的第一要务，坚持以经济建设为中心，完善社会主义市场经济体制，推动经济结构战略性调整，不断解放和发展社会生产力，大力实施科教兴国战略，把教育摆在优先发展的位置；全面繁荣农村经济，加快城镇化进程，切实解决"三农"问题；积极实施西部大开发战略，促进区域经济协调发展；深化分配制度改革，增加人民收入，不断提高社会保障标准和水平，健全社会保障体系；千方百计扩大就业，不断改善人民生活，把就业作为民生之本。随着全面建设小康社会举措的施行，我国综合国力得到大幅度提升，人民群众得到的实惠普遍增多，社会团结，人民安居乐业。

中共十六大以后，以胡锦涛为总书记的党中央面临着的必须解决的最大民生问题是：缩小贫富差距，理顺收入分配机制；通过理顺收入分配机制，重点提高城乡中低收入者的收入水平，努力使人民收入总水平与国民经济保持同步快速增长。在提出科学发展观及构建社会主义和谐社会的战略布局下，党和国家在解决民生问题上有几个显著的特点。

（1）从"效率优先、兼顾公平"到更加注重"社会公平正义"。"效率优先、兼顾公平"是中国改革开放以来发展经济的一个重要原则，它带来了中国经济的高速增长，但这种增长却是与现实生活中的贫富差距拉大相伴随的，因此也积累了必须解决的民生问题。十六大之后，以胡锦涛为总书记的党中央在提出和实施构建社会主义和谐社会战略任务的过程中，在发展的指导思想上实现了从"效率优先、兼顾公平"到更加注重"社会公平正义"的转变。十六届四中全会首次提出要构建社会主义和谐社会，促进社会公平正义。随后，2005年2月19日，胡锦涛在省部级主要领导干部提高构建社会主义和谐社会能力专题研讨班上的讲话中指出，要"在促进发展的同时，把维护社会公平放到更加突出的位置，综合运用多种手段，依法逐步建立以权利公平、机会公平、规则公平、分配公平为主要内容的社会公平保障体系，使全体人民共享改革发展的成果，使全体人民朝着共同富裕的方向稳步前进"。同年10月召开的十六届五中全会的一个新亮点，便是强调"更加注重社会公平，使全体人民共享改革发展成果"，而不再提"效率优先、兼顾公平"。值得注意的是，党中央强调社会公平正义，并不是要再回到计划经济时代的平均主义，而是要改善国民经济增量的分配严重不公的状况，即在经济增长的同时，逐步为全体社会成员提供基本而有保障的公共产品和公共服务。在实现社会公平正义上，党中央从不同的层面作了周密部署和大量实际工作，在公平正义原则的基础上更加关注和改善民生，使民生问题的改善得到了实质性的提升。

（2）从侧重经济立法到注重民生立法。改革开放以来，中国在相当长的一段时间里侧重于经济立法，这是因为建立健全市场经济体制之需。到21世纪初，市场经济体制已经基本建立，民生立法的需求就随之凸显。十六大报告中指出，我们必须"充分发挥个体、私营等非公有制经济在促进经济增长、扩大就业和活跃市场等方面的重要作用"。因此，私营企业在投融资、税收、土地使用、市场准入和对外贸易等方面不应处于劣势地位，要给予私有财产更多的法律保护。2004年3月，十届全国人大二次会议审议通过了第四次宪法修正案，"公民的合法的私有财产不受侵犯"、"国家尊重和保护人权"等内容被写入宪法。这不仅标志着中国第一次以法律形式保障人权，而且个人私有财产从此获得了与公有财产平等的地位。近年来，从《残疾人保障法》到《食品安全法》，再到《社会保险法》，民生方面的立法几乎占了全国人大常委会审议法律的一半。2007年8月，十届全国人大常委会第二十九次会议通过《就业促进法》。该部法律明确了政府在促进就业中的职责，使促进就业的工作机制及体系法制化，各项政策措施和资金投入均已制度化。2009年2月的最后一天，《食品安全法》历经四次审议终获通过。最终通过的《食品安全法》取得的重大突破为：国务院设立食品安全委员会，协调、指导食品安全监管工作；明确规定只有技术上确有必要、经过风险评估证明安全可靠的食品添加剂才允许使用；明确要求国务院抓紧研究制定相关规定，规范生产活动，整顿销售市场，加强监管，让消费者放心，等等。食品安全事关人民群众身体健康和生命安全，《食品安全法》的出台及颁布实施，使人民群众的饮食安全得到了法律保障。而关系人民切身利益的新的《社会保险法》在2007年提请人大常委会讨论后，历时三年，终于在2010年10月28日第十一届全国人大常委会第十七次会议通过及颁布。同时，修订后的《残疾人保障法》《侵权责任法（草案）》等牵动亿万人心的法律及法律草案得到颁布实施及提请审议。一系列新的法律条文的诞生，破解了人民群众最关心、最直接、最现实的利益难题。

（3）从建设型财政到公共型财政，是十六大以来党中央解决民生问题表现在财政理念上的一个显著变化。随着国家财力的增强，国家更有实力来解决人民群众亟待解决的问题，因此政府提供的基本公共服务内容更多，涵盖面更广。尤其是十六大以来，在以人为本的科学发展观指导下，财政理念突出了以民为本，更加关注人民群众迫切需要解决的问题。如针对"住房难"问题，在整个"十一五"期间，中央政府用于保障性住房建设的拨款高达1300亿元，全国有1500万户中低收入及困难家庭获得帮助。2009年，中央财政用于安排就业专项资金426亿元，社会保障资金2906亿元，教育支出1981亿元，医疗卫生支出1277亿元。2011年，全国财政用于社会事业的支出达2.82万亿元，这比以前增长了相当大的幅度。而伴随着国家财力的增强，财政支出结构、支出重点的变化，公共财政的特点越来越突出，财政理念有了根本性的转变，从过去的生产建设型财政转变到公共型财政。从理念转变到政策调整，中国正在着力解决过去无力解决的诸多民生问题。

（4）加大解决民生问题的决策力度。在科学发展与和谐发展的总体战略布局下，党和国家坚持以人为本，关注社会弱势群体，在解决民生问题上采取了若干重大举措，使民生问题的改善得到了实质性的提升。党和国家采取一系列措施，努力提高城乡居民尤其是低收入群众的收入，积极调节收入分配，人民生活得到显著改善。一是普遍提高城乡居民收入。在城市，不断提高最低工资标准；在农村，对种粮农民实行各种补贴。从2002年至2011年，城镇居民人均可支配收入从7703元增加到21810元，农村居民人均纯收入从2476元增加到6977元，年均分别增长9.7%和8.9%。这是建国以来城乡居民收入增长最快的时期。二是重点改善低收入群体生活。在城市，从2005年起连续八年提高企业退休人员基本养老金，在农村，五保户由集体供养改为国家供养。全面建立城乡居民最低生活保障制度，并逐步提高保障标准。三是推进收入分配制度改革。深化个人所得税改革，调高个人所得税起征点。从2010年1月起，对个人转让限售流通股所得，按照"财产转让所得"适用20%的比例征收个人所得税。2011年，个人所得税起征点从2000元调高到3500元。

这一条条民生政策，一项项民生投入，一个个民生工程，是党和政府以人为本民生情怀的充分反映，更是贯彻落实科学发展观的充分体现；是应对国际金融危机的及时之举，更是促进经济社会发展的长久之策；不仅让人民群众生活得更加幸福、更有尊严，也为实现经济又好又快发展和促进社会和谐进步提供了强大支撑。

（1）近些年来，国家对包括"三农"、教育、医疗卫生、社会保障和就业、保障性住房等民生领域的投入力度持续加大。从最初的全面实行城乡免费义务教育，到支持建立覆盖城乡居民的基本医疗保障体系；从健全城乡居民最低生活保障制度，开展新型农村社会养老保险试点，到支持廉租住房、棚户区改造等保障性安居工程建设，再到及时保障汶川、玉树地震等抗灾救灾资金需要……国家财政用于保障和改善民生的投入力度越来越大。当国际金融危机来袭时，国家更是将一揽子计划的重点锁定民生领域，2008年末确定的4万亿元投资计划中，民生部分接近7000亿元，占比为17.5%。

（2）城乡居民收入水平持续提高，增加城乡居民尤其是低收入居民的收入。"十一五"期间，我国在保持经济较快增长的同时，通过提高工资水平，进一步加大对农民的补贴力度，较大幅度提高粮食最低收购价，多渠道增加农民收入，提高城乡低保对象、企业退休人员和优抚对象等群体的补助水平等措施，保持了城乡居民收入较快增长。据国家统计局公布数据，2010年，我国城镇居民人均可支配收入19109元，比2009年增长11.3%，扣除价格因素，实际增长7.8%，比2005年增长82.1%，扣除价格因素，年均实际增长9.7%；农村居民人均纯收入5919元，比2009年增长14.9%，扣除价格因素，实际增长10.9%，比2005年增长81.8%，扣除价格因素，年均实际增长8.9%。特别值得指出的是，2010年我国城乡低收入群体收入增长较快。2010年，农村居民人均纯收入实际增长速度比城镇居民人均可支配收入实际增速快3.1个百分点，这是1985年以来增速最快的一年，也是1998年以来农村居民收入实际增速第一次超过城镇。城乡居民收入比从2009年的3.33∶1缩小为2010年的3.23∶1。

（3）科教文卫事业获得较大的发展。继续支持教育优先发展，全面实行城乡免费义务教育。"十一五"期间，我国全面实行真正免费的义务教育，教育公平迈出重大步伐。2005年，我国开始启动免费义务教育，当年政府免除国家重点贫困县农村义务教育阶段贫困家庭学生的书本费、学杂费，并补助寄宿学生生活费。2006年，这一政策推进到西部农村和部分中部农村地区。2007年将农村义务教育经费全面纳入公共财政保障范围，全国农村开始实施免费义务教育。2008年，在免除城市义务教育试点的基础上，从当年秋季起全面免除城市义务教育学杂费。至此，全国城乡义务教育进入真正的免费时代。同时，将普通高中家庭经济困难学生纳入国家资助政策体系，高校国家助学金平均资助标准由每生每年2000元提高到3000元。据国家统计局资料，"十一五"期间，国民平均受教育年限从8.5年增加到9年以上。职业教育快速发展，2010年各类中等职业教育招生868.1万人，在校生2231.8万人，毕业生659.2万人，比2005年分别增加212.4万人、631.8万人和241万人。高等教育大众化程度进一步提高，2010年全国普通高等教育本专科招生661.8万人，在校生2231.8万人，毕业生575.4万人，比2005年分别增加157.3万人、670.0万人和268.6万人。党和政府加快建设公共文化服务体系。2010年底，全国共有公共图书馆2860个，比2005年底增加98个；文化馆3258个，增加479个；有线电视用户18730万户，有线数字电视用户8798万户，各增加5858万户和8401万户；广播节目综合人口覆盖率为96.8%，提高2.3个百分点；电视节目综合人口覆盖率为97.6%，提高1.8个百分点。文化产业异军突起，各项指标均位居世界前列。2010年共生产电视剧436部14685集，动画电视221456分钟；生产故事影片526部，科教、纪录、动画和特种影片95部；出版各类报纸448亿份，各类期刊32亿册，图书74亿册。2010年，政府支持实施农家书屋、农村电影放映等重点文化惠民工程，丰富农村文化生活，向社会免费开放的公共博物馆、纪念馆达到1743家。

（4）稳步推进公共卫生事业。"十一五"期间，政府加快推进医疗卫生服务体系建设，支持建立覆盖城乡居民的基本医疗保障体系，在继续完善城镇职工基本医疗保险制度的基础上，建立健全新型农村合作医疗和城镇居民基本医疗保险制度。2009年4月，新一轮医改大幕拉开，提出把基本医疗卫生制度作为公共产品向全民提供，从2009年开始，我国逐步向城乡居民统一提供疾病预防控制、妇幼保健、健康教育等基本公共卫生服务。2010年，国家基本药物制度覆盖到60%以上的政府办基层医疗卫生机构。新型农村合作医疗和城镇居民基本医疗保险的年人均财政补助标准由2006年的40元提高到2010年的120元。2010年底，全国共有卫生机构93.9万个，比2005年底增加5.7万个。全国共有卫生技术人员584万人，比2005年底增加了127.6万人，其中执业医师和执业助理医师237万人，注册护士205万人，分别增加32.8万人和70.0万人。医院和卫生院床位437万张，增加100万张。

（5）积极促进就业。就业是民生之本。党中央、国务院高度重视促进就业和再就业，实施积极的就业政策，出台了一系列就业扶持措施，具有中国特色的积极就业政策体系日渐完善。"十一五"期间，我国城乡就业人数从2005年末的75825万人增加到2009年末的77995万人，增加了2170万人，年均增加543万人。其中，城镇就业人员从27331万人增加到31120万人，增加了3789万人，年均增加947万人；乡村就业人员从48494万人减少到46875万人，减少了1619万人，年均减少405万人。随着城市化与工业化进程的加快，城镇吸纳就业的能力不断增强，其就业人员占全国的比重从2005年末的36.0%增加到2009年末的39.9%。城镇就业岗位快速增加，新增就业人数持续保持在1100万人以上，越来越多的人喜捧"新饭碗"。大量乡村富余劳动力不断向城镇转移，2010年农民工总量达到24223万人。

（6）建构世界最大的社会保障网。社会保障是民生之基。"十一五"期间，我国健全城乡居民最低生活保障制度，开展新型农村养老保险试点，社会保障体系的框架基本确立，城乡养老、医疗和最低生活保障制度建设取得突破性进展。五年来，城镇企业退休职工养老金水平年年上调，目前平均达到1200元以上，全国4000多万退休老人受益。基本医疗保险从制度上实现了"全覆盖"，国家基本药物制度稳步实施，公立医院改革试点启动，"医改"迈出坚实步伐。2006年，新型农村合作医疗试点范围占全国50.7%的县，2007年扩大到86%的县，参合农民也从4.1亿人增加到7.3亿人，合作医疗的推进受到了农民的广泛拥护。经过几年的试点，2008年新型农村合作医疗在全国农村开始全面推行，并提高补助标准。2010年新型农村合作医疗、城镇居民基本医疗保险财政补助标准由人均80元提高到120元，参保人数分别达到8.35亿人和1.88亿人，人们对早日告别"看病难、看病贵"的情况充满期待。2009年，新农保试点启动，我国农民在60岁后首次享受到国家普惠式的养老保障。2010年新型农村社会养老保险试点范围扩大到占全国23%左右的县。目前，试点地区年满60岁的老人均已领到每人每月55元的基础养老金。农民在实现"种地不交税、上学不付费、看病不太贵"后，又实现了"养老不犯愁"。据国家统计局数据，2010年末，全国参加城镇基本养老保险人数25673万人，比2005年末增加8185万人；参加城镇基本医疗保险的人数43206万人，增加29423万人；参加失业保险的人数13376万人，增加2728万人；参加工伤保险的人数16173万人，增加7695万人；参加生育保险的人数12306万人，增加6898万人。2010年，2678个县（市、区）开展了新型农村合作医疗工作，新型农村合作医疗参合率96.3%；全国列入国家新型农村社会养老保险试点地区参保人数10277万人。

（7）启动安居工程。近年来，我国政府坚决遏制部分城市房价过快上涨的势头，大力整顿和规范房地产市场秩序，抑制投机性购房，实施保障性安居工程，为更多人实现"住有所居"的梦想做出了不懈的努力。从2009年12月的"国四条"，到2010年1月的"国十一条"、4月的"国十条"，以及9月底多部委联合调控房地产……短短一年之内，从中央政府到各职能部委、金融机构、地方政府，对房地产市场的调控几乎没有停歇。2011年"国八条"的出台，再次掀起了房地产调控的高潮。在调控房地产市场的同时，政府着眼于建立住房保障体系，加大财政投入，完善税费政策，支持廉租房、棚户区改造、农村危房改造、少数民族游牧民定居工程建设，切实解决城乡低收入家庭的住房困难。2008年末，中国政府出台的应对金融危机4万亿投资计划中,有4000亿投向了保障性安居工程,主要用于廉租房、林区、垦区、煤矿棚户区改造。在中国农村,政府也投入了大量资金用于农村危房改造和游牧民定居。而大规模起步的公共租赁房,也圆了不少"夹心层"家庭的安居梦。2010年全国开工建设城镇保障性住房320万套,改造各类棚户区265万户,改造农村危房120万户,力度为历年之最。"十一五"期间,通过保障性安居工程建设,解决了1500万户城镇低收入家庭住房困难问题。目前,我国多数地区已经通过廉租房制度,实现了对住房困难的低保家庭"应保尽保"。

第四节　建构保障民生的发展模式

中国民生建设取得的辉煌成就,充分体现了中国共产党"立党为公、执政为民"的执政理念,让广大百姓实实在在地体会到了中国共产党是在为民谋利。近十年来,中国共产党更加努力地去实践"共同富裕"的价值观,特别是在历届政府推动中国经济取得高速发展、政府财政收入有了大幅增加之后，采取了一系列改善民生的强有力措施，也积累了一系列基本经验，形成了保障民生的一整套有效机制。

一、深刻认识我国民生建设的重要性和复杂性

"民惟邦本，本固邦宁。"民生建设关系到人民的幸福安康、国家的繁荣昌盛、民族的兴旺发达和社会的稳定发展。中国共产党自诞生之日起，就把全心全意为人民服务作为自己的根本宗旨，党的一切奋斗和工作都是为广大人民群众谋利益。新中国成立以来，我们党尤为重视民生建设，始终把人民群众的利益摆在第一位。正是我们党始终坚持以民为本，始终关注人民的生活质量，始终关注人的价值、权益和自由，始终关注人的全面发展，保障人民的生存权和发展权，并始终把保障和改善民生作为执政兴国的目标和主旨，我们党才受到广大人民的拥护和爱戴，我们的政权才得以稳定和巩固，我们的社会才能够长期保持发展与和谐。同时，民生建设是一项复杂的系统工程，它与一个国家的自然环境，尤其是经济状况、政治制度及文化程度等紧密地联系在一起，是相辅相成、相互促进、良性互动的关系。这就决定了民生建设不是孤立存在的。就我国

而言，民生建设始终是在社会主义这一根本制度框架下展开的，与党的建设伟大工程密切相连，贯穿于改革开放和社会主义现代化建设的伟大事业中。民生建设具有很强的过程性，而我国的民生建设也是一个不断发展的历史过程。我们党正是在妥善处理好改革、发展和稳定关系的前提下，有领导、有计划、有秩序地推进民生建设，才取得了举世瞩目的伟大成就，实现了预期的目标。要充分认识中国民生建设的重要性、复杂性和长期性，使民生建设以经济发展为基础，与民主政治发展相适应。

二、解放思想，求真务实，用发展着的马克思主义指导民生建设

解放思想、实事求是是我们党认识新情况、应对新挑战、适应新形势、完成新任务的强大思想武器。改革开放以来，我们党把马克思主义基本原理同中国具体实际相结合，丰富和发展了马克思主义民生思想，在民生问题上提出了一系列新观点、新举措、新论断，从而为民生建设提供了坚实的理论支撑。上世纪90年代，我们党以"三个代表"重要

思想为指导，把发展问题上升到关系党和国家生死存亡的高度，把关注民生作为党长期执政的基石，在民生政策取向、工作部署等方面提出了一系列新举措。例如，提升了民生发展的战略目标——全面建设小康社会，阐明了民生发展的战略途径——新"三步走"。这些举措，有力地推进了我国民生事业的大发展。新世纪以来，以科学发展观为指导，我们党将民生建设与社会主义和谐社会构建有机地统一起来，突出强调加快推进以改善民生为重点的社会建设，从经济建设、政治建设、文化建设和社会建设四位一体全面展开民生建设，使中国走上了一条创新与和谐型的民生发展之路。可以说，民生建设的每一步发展都要求我们解放思想，实事求是，不断推进马克思主义中国化；都要求我们不断深化对民生问题的认识，积极探索民生建设的基本规律，用发展着的马克思主义指导和引领新的民生建设实践。

三、必须坚持和加强党的领导，以人民群众的力量为主体

中国共产党的领导是历史的选择，是人民的选择。只

有坚持党的领导才能发展社会主义，只有社会主义才能发展中国。民生建设必须坚持和加强党的领导。胡锦涛要求："权为民所用，情为民所系，利为民所谋。"这些都充分体现了我们党在新中国60多年的社会主义现代化建设的伟大实践中始终把关注民生疾苦、维护人民幸福作为执政的职责，努力推进民生建设。在推进民生建设中，政府发挥解决民生问题的主导作用是政府履行社会管理和公共服务职能的必然要求。随着政治体制改革的不断深入和社会主义市场经济体制的逐步完善，政府对自身职能，对"什么该管、什么不该管"有了越来越清晰的认识，在进一步推动民生建设工作中，正进一步实现政府职能的转变，把政府的职能真正转变到"经济调节、市场监管、社会管理和公共服务"上来，更加强化其社会管理和公共服务的职能，以实现增长型政府向民生型政府的转变。而人民群众不仅是民生建设的受益者，而且是民生建设的实践主体。发挥人民群众参与民生建设主体力量的作用，是我们党全心全意为人民服务的根本宗旨与人民群众为自己创造美好幸福生活的强烈愿望有机统一的具体体现。正是把广大人民群众的积极性和极大热情充分调动起来，激发人民群众无穷的聪明才智和创造精神，并尊重人民群众的创新实践，我国的民生建设才有了今天坚实的群众基础。

四、进一步加快发展，在发展中解决民生问题

民生问题实质上是发展问题，解决民生问题，归根结底还是要靠发展。如果我们的生产力水平低，社会物质财富匮乏，人民群众的生存需求就无法满足，人民生活水平特别是社会福利水平就难以提高，民生问题就不能有效地解决。改革开放30多年来，民生建设能够健康发展关键在于我们党真正实现了工作重心从"以阶级斗争为纲"向"以经济建设为中心"的转化，强调"发展是硬道理"、"发展是执政兴国的第一要务"，从而保持了经济持续快速协调发展，创造了大量的社会物质财富，为民生问题的解决提供了坚实的物质基础。民生问题不仅仅是经济问题，更是社会问题。当经济发展到一定程度后，必须更加注重社会的整体发展。这就需要我们转变和更新发展的理念，真正贯彻落实科学发展观。科学发展观坚持以人为本，更加关注人的自身发展，把不断

改善民生作为经济发展的出发点和落脚点。因此，我们要坚持科学发展，在加快发展中不断解决民生问题。

五、强化制度建设，实现民生建设的制度化和规范化

实现民生建设的制度化和规范化，是民生建设健康发展的必然要求。新中国成立初期，我们党和政府制定和实施了一系列涉及社会救济、社会保险和社会福利等领域的多项条例、准则和规章，使民生建设取得了显著的成效。十一届三中全会以来，我们党从建立健全制度入手，努力加强制度建设，从而保证了民生建设沿着正确的轨道前进。尤其是新世纪以来，民生制度建设的力度之大，出台的制度之多，令人振奋。比如，近年来我们党和政府陆续颁布和实施了《国务院关于解决农民工问题的若干意见》《国务院关于解决城市低收入家庭住房困难的若干意见》《国务院关于在全国建立农村最低生活保障制度的通知》《中共中央国务院关于深化医药卫生体制改革的意见》《国务院关于开展新型农村社会养老保险试点的指导意见》等。这一系列制度的创新和实

施，使我国的民生建设与发展获得了有效的制度保证，也从根本上促进了民生建设的健康发展。今后，应把"以人为本、执政为民"的理念转化为一种稳定的制度功能，加快和完善教育、就业、分配、社保、医疗等重大民生领域的制度建设，切实做好解决民生问题的制度安排，将民生建设纳入规范化、制度化和程序化的轨道，以相互配套、相互衔接的制度体系来保障和改善民生，同时，建立起相应的监督机制和问责制度，逐步建立健全为民办实事的长效机制，以使民生建设进一步发展。

六、以开放的思维方式，积极借鉴国外民生建设的经验和做法

解决民生问题已成为世界各国关注的一种政府基本职责。这就要求我们要在坚持社会主义基本制度不动摇的前提下，以广阔的视野、开放的胸怀积极借鉴国外解决民生问题的先进经验和做法。邓小平指出："社会主义要赢得与资本主义相比较的优势，就必须大胆吸收和借鉴人类社会创造的一切文明成果。"当然，我们决不能盲目照搬照抄国外民生

建设的模式，要根据我国的国情，走出一条中国特色社会主义的民生建设新道路。

当然我们应该承认，改革开放以来尤其是十六大以来，虽然党和国家高度关注民生，不断加大了解决民生问题的力度，即"在应对国际金融危机的困难情况下，我们更加注重保障和改善民生，切实解决人民群众最关心、最直接、最现实的利益问题"，但我们必须看到，中国民生问题的解决仍存在不少局限，仍要进一步制订解决的方案。其一，收入分配制度改革至今仍相对滞后，收入分化较为严重。主要为劳动报酬在初次分配中所占比重偏低，社会成员收入差距过大，城乡之间、地区之间、行业之间的收入差距仍有拉大的趋势，收入分配秩序尚不规范。因此，有待进一步调整国民收入分配格局，提高居民收入在国民收入分配中的比重、劳动报酬在初次分配中的比重。其二，就业形势仍较为严峻。中国是个人口大国。据测算，今后一个时期，每年城镇新增就业人口约1000万人，加上失业人员、退役军人等，需要就业的城镇劳动力超过2000万人。加上农村有超过1.5亿富余劳动力需要向城镇和非农产业转移。而在正常增长条件下，每年新增就业岗位仅1000万个左右，因此，劳动力供大于求的矛盾十分突出。所以必须制定有力措施以缓解就业压力。其三，社会保障体系还不完善。主要问题为：城乡社会保障发展不平衡，广大农村地区严重滞后；一些基本保障制度覆盖面较窄，基金统筹层次低，保障水平不高。因此，社会保障体系有待完善，实现十七大提出的目标，即到2020年，实现"覆盖城乡居民的社会保障体系基本建立，人人享有基本生活保障"的目标。其四，基本公共服务体系仍滞后。由政府以公共产品的形式向国民提供基本公共服务，有利于缩小收入差距，保证社会公平公正。然而基本公共服务发展相对滞后是中国经济社会发展中存在的一个很大问题，快速增长的多样化的公共需求与公共产品严重短缺、公共服务落后的矛盾十分突出，需要政府采取措施下大力气加以解决。其五，从目前中国居民的消费率来看，尚存在"消费需求不足"的问题。虽然中国民众的生活水平及消费水平增长并不慢，但中国的消费率却较低，不仅低于处在较高阶段的发达国家，也低于处在相同阶段的发展中国家，例如同为"金砖四国"的巴西、俄罗斯和印度，2007年消费率分别为75.7%、67%、

64.9%，而中国仅为49%。尤其是居民消费率，据世界银行统计，现阶段中国居民消费率为35.3%，远远低于世界60%以上的平均水平。与民生问题直接相关的居民消费率处在如此低的状态，不仅反映出居民的消费需求有被投资率不合理地抑制的问题，也反映了人民生活在总体上所处的不高的水平。因此，这里还明显存在一个转变以改善民生为导向的经济发展方式问题。

要解决这些问题，我们必须深刻认识到，要把保障和改善民生作为政府一切工作的出发点和落脚点，放在更加突出的位置，着力加强社会建设。千方百计扩大就业。坚持实施就业优先战略和更加积极的就业政策，通过稳定经济增长和调整经济结构增加就业岗位，加强职业技能培训，提高劳动者就业创业能力，加大投入和政策支持，完善就业服务体系，鼓励创业带动就业，做好重点人群就业工作，促进城乡居民收入持续稳定增长。完善社会保障制度，坚持全覆盖、保基本、多层次、可持续方针，不断扩大社会保障覆盖面，提高统筹层次和保障水平，加强各项制度的完善和衔接，增强公平性，适应流动性，保证可持续性。要加大对社会养老服务体系和儿童福利机构建设的支持力度。深化医药卫生事业的改革发展。巩固完善基本药物制度和基层医疗卫生机构运行新机制，加快公立医院改革，鼓励社会办医，扶持中医药和民族医药事业发展。健全全民医保体系，建立重特大疾病保障和救助机制，全面开展儿童白血病等20种重大疾病保障试点工作。2013年新农合和城镇居民基本医疗保险财政补助标准由每人每年240元提高到280元，人均基本公共卫生服务经费标准由25元提高到30元。逐步完善人口政策。坚持计划生育的基本国策，适应我国人口总量和结构变动趋势，统筹解决好人口数量、素质、结构和分布问题，促进人口长期均衡发展。重视发展老龄事业，切实保障妇女和未成年人权益，关心和支持残疾人事业。加强和创新社会管理，改进政府提供公共服务方式，加强基层社会管理和服务体系建设，完善村民自治、城市居民自治制度，保证人民群众依法直接行使民主权利，管理基层公共事务和公益事业。政府要履行好发展公益性文化事业的责任，加快推进重点文化惠民工程，完善公共文化服务体系。广泛开展全民健身运动，促进群众体育和竞技体育全面发展。大力加强社会公德、职业道德、家庭美德、个人品德教育。推动诚信体系建设，以政务诚信带动商务诚信和社会诚信，形成良好的社会风尚。

在做好上述工作的同时，要构建增加人民福祉的民生发展模式，在思想认识上还必须有以下几点认识。

（一）充分认识民生改善和发展是一个渐进的过程

民生作为实现人的生存权和发展权的需求，其内涵包括基本生活需求、尊严和关怀。任何人的生存与生活，民生的发展都是相互递进的。民生发展也是有阶段的，大致说来，民生可以分为"解决"、"改善"和"发展"三个阶段。目前中国经济总量已跃居世界第二，但人均GDP仍然排在世界百位之后，按照新的扶贫标准，还有1亿多人处于贫困线以下，资源环境压力不断增大，发展中不平衡、不协调、不可持续的问题依然突出；中国还是一个发展中国家，刚刚解决温饱进入"小康"。因此，中国的民生处在"民生解决"阶段，正在向"民生改善"阶段迈进，离"民生发展"阶段还有很长一段路程。

（二）利用后发优势，有效避免民生陷阱

作为世界上人口最多的中国，既要充分借鉴世界各国民生发展的经验，又要吸取变革世界中"民生陷阱"的教训，找准跨越"民生陷阱"的着力点，寻求改善民生的发展之路。坚持民生增长与经济增长同步，避免"民生缺失陷阱"。一要建立收入保障法，用法律的形式严格规定居民收入增长比重与经济增长同步或略高。二要加快保障性住房、公租房、廉租房、经济适用房等各类住房建设，真正实现居者有其屋。三要加快医疗保障建设，均衡医疗卫生资源配置。四要加快建设广泛覆盖的社会保障体系。五要加大转移支付投入，在2015年实现联合国提出的"千年发展目标"。六要降低居民的税负水平，减少中低收入水平者的税痛感。坚持渐进式改善民生，防止"高福利陷阱"。中国经济发展总量高，总体水平低，城乡和地区之间差别大，建立统一的社会保障体系只能是一个长期目标，不可能一蹴而就，在保障和改善民生事业中，应采用渐进、分阶段、有所侧重的发展模式。现阶段应集中资源和精力实现社会保障体系中医疗、养老金和最低生活保障的全面覆盖，免除人们的生存危机、疾病忧患，并从制度上解除养老后顾之忧。建设"橄榄型"社会，避免"贫富分化陷阱"。政府应运用财税政策，切实扭转初次分配中资本所有者所得畸高、财政收入大幅增长、劳动所得持续下降的趋势，逐步提高劳动报酬比重。打破城乡户籍藩篱，建立新型的自由流动的现代城乡户籍管理制度和福利保障制度，缩小城乡之间的收入分配差距。同时要减轻工薪阶层的税痛感，坚持在发展中扩大中等收入者比重，并建立扩大中等收入者比重的稳定机制，建设"橄榄型"社会。制定民生保障法，提升民生保障法治水平。保障和改善民生，必须依靠制度保障。要完善民生保障法律体系，尽快制定"民生保障法"，用"以民生为重"的理念进一步完善立法技术，提升政府民生工作效率。

（三）建立民生制度，展现我国民生制度建设理念的优势

把马克思主义理论具体化为解决实践问题，提炼总结中国特色社会主义民生制度建设理论，这种民生制度建设理念的优势在于，它所要实现的是关注每一个个体的生活，既满足个体的物质需求，又为个体提供更多的发展机会。从制度层面审视当代中国民生问题，从民生制度自身存在的问题、民生问题产生的体制因素、民生问题产生的具体制度三个层面入手，探寻产生民生问题的制度原因，并分析借鉴国外典

型国家的民生理论与实践，为中国特色社会主义民生问题的常态化、持续化解决提供依据。民生制度建设是一项系统工程，需要建立一个通盘考虑，各个相关系统联动的体系不仅要建立各种有效的制度，而且要充分分析各领域民生制度的内在联系。主要领域民生制度的构建直接带动其他民生领域问题的解决，或者为其解决提供有参考价值的制度框架，各领域民生制度的完善最终又推动着中国特色社会主义民生制度建设理论的形成。